JEAN SBOGAR.

Ne cherchons pas à débrouiller pourquoi l'innocent gémit, tandis que le crime est revêtu de la robe d'honneur: le jour des vengeances, le jour de la rétribution éternelle peut seul nous dévoiler le secret du juge et de la victime.

(*Épigraphe du chap. XII.*)

PARIS,

GIDE FILS,
rue Saint-Marc-Feydeau, n° 20.

HENRI NICOLLE,
rue de Seine, n° 12.

1818.

JEAN SBOGAR.

I.

A. ÉGRON, IMPRIMEUR
DE S. A. R. MONSEIGNEUR DUC D'ANGOULÊME,
rue des Noyers, n° 37.

JEAN SBOGAR.

Ne cherchons pas à débrouiller pourquoi l'innocent gémit, tandis que le crime est revêtu de la robe d'honneur: le jour des vengeances, le jour de la rétribution éternelle peut seul nous dévoiler le secret du juge et de la victime.

(*Épigraphe du chap.* XII.)

TOME PREMIER.

PARIS,
G. DE FILS,
rue Saint-Marc-Feydeau, n° 20.

HENRI NICOLLE,
rue de Seine, n° 12.

1818.

AVERTISSEMENT

DES ÉDITEURS.

L'auteur de cet ouvrage nous a envoyé son manuscrit au moment où il se disposoit à franchir l'espace qui le séparoit encore de la Russie. Il nous a imposé l'obligation de ne pas le nommer; mais nous n'avons pu lui promettre que le public ne sauroit pas le reconnoître.

JEAN SBOGAR.

CHAPITRE PREMIER.

> Hélas! qu'est-ce que cette vie où ne manquent jamais les afflictions et les misères, où tout est plein de piéges et d'ennemis! Car le calice de la douleur n'est pas plutôt épuisé, qu'il se remplit de nouveau; et un ennemi n'est pas plutôt vaincu, qu'il s'en présente d'autres pour combattre à sa place.
>
> IMITATION DE J. C.

Un peu plus loin que le port de Trieste, en s'avançant sur les grèves de la mer, du côté de la baie verdoyante de Pirano, on trouve un petit ermitage, depuis long-temps abandonné, qui étoit autrefois sous l'invocation de saint André, et qui en a conservé le nom. Le rivage, qui va toujours en se rétrécissant vers cet endroit, où il semble se terminer entre le pied de la montagne et les flots de l'Adriatique, semble gagner en beauté à mesure qu'il perd en étendue; un bosquet, presque impénétrable, de figuiers et de vigne sauvage, dont les fraîches vapeurs du golfe entretiennent le feuillage dans un état perpétuel de verdure et de jeunesse, entoure de toutes parts cette maison de recueillement et de mystère. Quand le crépuscule vient de s'éteindre, et que la face de la mer, légèrement ridée par le souffle serein de la nuit, commence à balancer l'image tremblante des étoiles, il est impossible d'exprimer tout ce qu'il y a d'enchantemens dans le silence et le repos de cette solitude. A peine y distingue-t-on, à cause de sa continuité qui le rend semblable à un soupir éternel, le bruit doux des eaux qui meurent sur le sable : rarement une torche qui parcourt l'horizon, avec la nacelle invisible du pêcheur, jette sur les flots un sillon de lumière qui s'étend ou se diminue selon l'agitation de la mer; elle disparoît bientôt derrière un banc de sable, et tout rentre dans l'obscurité. En ce beau lieu, les sens, tout-à-fait inoccupés, ne troublent d'aucune distraction les pensées de l'âme; elle y prend librement possession de l'espace et du temps, comme s'ils avoient déjà cessé de se renfermer pour elle dans les limites étroites de la vie; et l'homme, dont le cœur plein d'orages ne s'ouvroit plus qu'à des sentimens tumultueux et violens, a compris quelquefois le bonheur d'un calme profond, que rien ne menace, que rien n'altère, en s'arrêtant à l'ermitage de saint André.

Près de là s'élevoit encore, en 1806, un château d'une architecture simple, mais élégante, qui a disparu dans les dernières guerres. Les habitans l'appeloient *la casa Monteleone*, du nom italianisé d'un émigré français, qui y étoit mort depuis peu, laissant une fortune immense qu'il avoit acquise dans le commerce. Ses deux filles l'habitoient encore. M. Alberti, simple négociant, dont il avoit fait son gendre et son associé, avoit été enlevé par la peste à Salonique. Peu de mois après, il perdit sa femme, mère de sa seconde fille. Madame Alberti étoit d'un autre mariage. Naturellement porté à la tristesse, il s'y étoit abandonné sans réserve depuis ce dernier malheur. Une mélancolie affreuse le consumoit lentement entre ses deux enfans, dont les caresses même ne pouvoient le distraire. Ce qui lui restoit de son bonheur, ne faisoit que lui rappeler amèrement ce qu'il en avoit perdu. Le sourire ne parut renaître sur ses lèvres, qu'aux approches de la mort. Quand il sentit que son cœur alloit se glacer, son front chargé d'ennuis s'éclaircit un moment; il saisit les mains de ses filles, les porta sur ses lèvres, prononça le nom de Séraphine et d'Antonia, et il expira.

Madame Alberti avait trente-deux ans. C'étoit une femme sensible, mais d'une sensibilité douce et un peu grave, qui n'étoit pas susceptible d'éclats et de transports. Elle avoit beaucoup souffert, et aucune des impressions pénibles de sa vie n'étoit entièrement effacée de son âme; mais elle conservoit ses souvenirs, sans les nourrir à dessein. Elle ne se faisoit point une occupation de sa douleur, et elle ne repoussoit pas les sentimens qui rattachent par quelques liens ceux dont les liens les plus chers ont été brisés. Elle ne se piquoit pas du courage de la résignation ; elle en avoit l'instinct. Une imagination d'ailleurs très-mobile, et facile à s'égarer sur une foule d'objets divers, la rendoit plus propre à recevoir des distractions, et même à en chercher. Longtemps fille unique et seul objet des soins de sa famille, elle avoit eu une éducation brillante ; mais l'habitude de céder aux événemens, sans résistance, ayant rendu le plus souvent inutile l'usage de son jugement, sa manière d'apprécier les choses tenoit moins du raisonnement que de l'imagination. Personne n'étoit moins exalté, et cependant personne n'étoit plus romanesque, mais c'étoit à défaut de connoître le monde. Enfin, le passé avoit été si sévère pour elle, qu'elle ne pouvoit plus aspirer à un état très-heureux; mais son organisation la défendoit également d'un malheur absolu. Quand elle eut perdu son père, elle regarda Antonia comme sa fille. Elle n'avoit point d'enfans, et Antonia venoit d'atteindre à sa dix-septième année. Madame Alberti se promit de veiller à son bonheur : ce fut sa première pensée, et cette pensée adoucit l'amertume des autres. Madame Alberti n'auroit jamais pu comprendre le dégoût de la vie, tant qu'elle sentoit la possibilité d'être utile et de se faire encore aimer.

La mère d'Antonia avoit succombé à une maladie de poitrine : Antonia ne paroissoit pas atteinte de cette affection, souvent héréditaire; mais elle sembloit n'avoir puisé, dans un sein déjà habité par la mort, qu'une existence fragile et imparfaite. Elle étoit grande cependant, et aussi développée qu'on l'est ordinairement à son âge : seulement il y avoit dans sa taille élancée et svelte un abandon qui annonçoit la foiblesse; sa tête, d'une expression gracieuse et pleine de charmes, un peu penchée sur son épaule; ses cheveux, d'un blond clair, rattachés avec négligence; son teint d'une blancheur éclatante, à peine animé d'une légère nuance de l'incarnat le plus doux; son regard un peu voilé, qu'un défaut naturel de l'organe rendoit timide et inquiet, et qui devenoit d'un vague triste en cherchant les objets éloignés, tout en elle donnoit l'idée d'un état habituel de langueur et de souffrance. Elle ne souffroit point; elle vivoit imparfaitement et comme avec une espèce d'effort. Accoutumée dès l'enfance aux plus vives émotions, cet apprentissage douloureux n'avoit point émoussé sa sensibilité, ne l'avoit pas rendue moins accessible aux émotions moins profondes; elle les subissoit toutes, au contraire, avec la même force. Il sembloit que son cœur n'avoit qu'une manière de sentir, parce qu'il n'avoit encore qu'un sentiment, et que tout ce qu'il éprouvoit lui rappeloit les mêmes douleurs, la perte de sa mère et de son père: aussi la moindre circonstance réveilloit en elle cette funeste faculté de s'associer aux peines des autres. Tout ce qui pouvoit permettre à son imagination cette liaison d'idées, lui arrachoit des larmes, ou la frappoit d'un frémissement subit. Ce tremblement étoit si fréquent, que les médecins l'avoient regardé comme une maladie. Antonia, qui savoit qu'il cessoit d'être avec sa cause, ne partageoit pas leur inquiétude ; mais elle avoit conclu de bonne heure, de cette circonstance et de quelques autres, qu'il y avoit quelque chose de particulier dans son organisation. De conséquences en conséquences, elle vint à penser qu'elle étoit, jusqu'à un certain point, disgraciée de la nature : cette persuasion augmenta sa timidité et surtout son penchant pour la solitude, au point d'alarmer madame Alberti, qui s'alarmoit aisément, comme tous ceux qui aiment.

Leur promenade ordinaire étoit sur les bords du golfe, jusqu'aux premiers palais qui annoncent l'entrée de Trieste. De là les yeux s'étendent sur la mer, et de distance en distance, sur quelques points plus ou moins

rapprochés, qui échappoient à la vue d'Antonia, mais que madame Alberti lui avoit rendus en quelque sorte présens à force de les lui décrire. Il n'y avoit pas de jour qu'elle ne l'entretînt des grands souvenirs qui peuplent cette contrée poétique, des Argonautes qui l'avoient visitée, de Japix qui avoit donné son nom à ses habitans, de Diomède et d'Anténor qui leur avoient donné des lois « En faisant le tour
« de l'horizon, et après avoir
« parcouru cette ligne lointaine
« d'un bleu foncé, qui se déta-

« che de l'azur plus clair du ciel,
« peux-tu distinguer, lui disoit-
« elle, une tour dont le sommet
« réfléchit les rayons du soleil ?
« C'est celle de la puissante
« Aquilée, une des anciennes
« reines du monde. Il en reste
« à peine quelques ruines. Non
« loin de là, coule un fleuve que
« mon père m'a montré dans
« mon enfance, le Timave qui
« a été chanté par Virgile. Cette
« chaîne de montagnes qui cou-
« ronne Trieste, s'élève presque
« à pic au-dessus de ses murail-
« les, et se développe à notre

« droite, depuis le hameau
« d'Opschina, sur une étendue
« incalculable, sert d'asile à une
« foule de peuples célèbres dans
« l'histoire ou intéressans par
« leurs mœurs. Là, vivent ces
« braves Tyroliens dont tu ai-
« mes toujours le génie agreste,
« le courage et la loyauté ; ici,
« ces aimables paysans du
« Frioul, dont les danses pasto-
« rales et les chansons joyeuses
« sont devenues européennes.
« En revenant vers nous, tu
« dois remarquer un peu plus
« haut que les derniers mâts du

« port, au-dessus des toits du
« Lazareth, une partie de la mon-
« tagne, qui est infiniment plus
« obscure que les autres, qui les
« domine de beaucoup, et dont
« l'aspect gigantesque et téné-
« breux inspire le respect et la
« terreur : c'est le cap de Duino.
« Le château qui en occupe le
« faîte, et dont je vois d'ici les
« créneaux, passe pour avoir été
« construit du temps d'une an-
« cienne invasion des barbares :
« le peuple l'appelle encore le
« palais d'Attila. Pendant les
« guerres civiles d'Italie, le Dan-

« te, proscrit de Florence, s'y ré-
« fugia. On prétend que ce séjour
« sinistre lui inspira le plan de
« son poëme, et que c'est là qu'il
« entreprit de peindre l'Enfer.
« Depuis, il a été habité tour-
« à-tour par des chefs de parti
« et par des voleurs. Dans ce siè-
« cle, où tout se décolore, je
« crains qu'il ne soit tombé en
« partage à quelque châtelain
« paisible, qui aura dépeuplé de
« démons ces tours formidables
« pour y faire nicher des colom-
« bes. » Tel étoit le plus souvent le sujet des entretiens de

madame Alberti avec sa sœur, à qui elle cherchoit à inspirer peu à peu le désir de voir des objets nouveaux, dans l'espérance de produire sur ses idées habituelles une diversion favorable; mais le caractère d'Antonia n'avoit pas assez de ténacité pour suivre long-temps l'impulsion d'un désir curieux. Elle étoit trop foible, et se défioit trop d'elle-même pour oser concevoir une volonté hors de son état, et, comme son abattement lui paroissoit naturel, elle ne pensoit pas à en sortir. Il falloit autre chose qu'un simple motif de curiosité pour l'y déterminer. Le tombeau de ses parens étoit tout ce qu'elle connoissoit du monde, et elle ne supposoit pas qu'il y eût quelque chose à chercher au-delà. Mais la Bretagne, lui disoit madame Alberti, la Bretagne est ta patrie. Ce n'est pas là qu'ils sont morts, répondoit Antonia, en l'embrassant, et leur souvenir n'y habite pas.

CHAPITRE II.

> Cet homme s'est marqué lui-même pour le jour de la terreur; il s'est dévoué de lui-même à la perdition; il a appelé sur sa tête le sort effroyable des réprouvés; il sera condamné et rejeté loin de la face du fils de l'homme dans le séjour de la mort éternelle. Que le sang de ses victimes retombe sur lui!
>
> Klopstock.

L'Istrie, successivement occupée et abandonnée par des armées de différentes nations, jouissoit d'un de ces momens de liberté orageuse qu'un peuple foible goûte entre deux conquêtes. Les lois n'avoient pas encore repris leur force, et la justice suspendue sembloit respecter jusqu'à des crimes qu'une révolution pouvoit rendre heureux. Dans les grandes anxiétés politiques, il y a une sorte de sécurité attachée à la bannière des scélérats; elle peut devenir celle de l'état et du monde, et les hommes mêmes qui se croient vertueux la respectent par prudence. La multiplicité des troupes irrégulières, levées au nom de l'indépendance nationale et presqu'à l'insu des rois, avoit familiarisé les citoyens avec ces bandes armées qui descendoient à tout moment des montagnes, et qui se répandoient de là sur tous les bords du golfe. Presque toutes étoient animées des sentimens les plus généreux, conduites par le dévoûment le plus pur; mais par derrière elles, se formoit du rebut de ces hommes violens, pour qui les désordres de la politique ne sont qu'un prétexte, une ligue redoutable à tous les gouvernemens et désavouée de tous. Ennemie décidée des forces sociales, elle tendoit ouvertement à la destruction de toutes les institutions établies. Elle proclamoit la liberté et le bonheur, mais elle marchoit accompagnée de l'incendie, du pillage et de l'assassinat. Dix villages fumans attestoient déjà les horribles progrès des *Frères du bien commun*. C'est ainsi que s'étoit nommée d'abord, avant de se mettre au-dessus de toutes les convenances et de violer toutes les lois, la troupe sanguinaire de Jean Sbogar.

Les brigands avoient paru à Santa-Croce, à Opschina, à Materia; on assuroit qu'ils occupoient même le château de Duino, et que c'étoit du pied de ce promontoire qu'ils se jetoient, à la faveur de la nuit, comme des loups affamés, sur tous les rivages du golfe, où ils portoient la désolation et la terreur. Les peuples épouvantés se précipitèrent bientôt sur Trieste. *La*

Casa Monteleone surtout étoit loin d'être un asile sûr. Un bruit s'étoit répandu qu'on avoit vu Jean Sbogar lui-même errer, au milieu des ténèbres, sous les murailles du château. La renommée lui donnoit des formes colossales et terribles. On prétendoit que des bataillons effrayés avoient reculé à son seul aspect. Aussi n'étoit-ce point un simple paysan d'Istrie ou de Croatie, comme la plupart des aventuriers qui l'accompagnoient. Le vulgaire le faisoit petit-fils du fameux brigand Sociviska, et les gens du monde disoient qu'il descendoit de Scanderberg, le Pyrrhus des Illyriens modernes. Les hommes simples, qui sont toujours amoureux de merveilles, ornoient son histoire des épisodes les plus singuliers et les plus divers; mais on s'accordoit à avouer qu'il étoit intrépide et impitoyable. En peu de temps, son nom avoit acquis le crédit d'une tradition des temps reculés, et dans le langage figuré de ce peuple chez qui toutes les idées de grandeur et de puissance se réunissent dans celle d'un âge avancé, on l'appeloit le vieux Sbogar, quoique personne ne sût quel nombre d'années avoit passé sur sa tête, et qu'aucun de ses compagnons, tombé entre les mains de la justice, n'eût pu donner sur lui le moindre renseignement.

Madame Alberti, qu'une imagination facile à ébranler disposoit à accueillir les idées extraordinaires, et qui s'étoit occupée de Jean Sbogar depuis le moment où le nom de cet homme avoit frappé ses oreilles pour la première fois, ne tarda pas à sentir la nécessité de quitter la *Casa Monteleone*, pour Trieste; mais elle cacha ses motifs à Antonia, dont elle redoutoit la sensibilité. Celle-ci avoit entendu parler aussi des *Frères du bien commun* et de leur capitaine; elle avoit pleuré sur les crimes dont ils se rendoient coupables, quand le récit lui en étoit parvenu; mais cette impression laissoit peu de traces dans son esprit, parce qu'elle comprenoit mal les méchans : il sembloit qu'elle évitât de penser à eux, pour n'être pas forcée de les haïr. Ce sentiment passoit la mesure de ses forces.

La position de Trieste a quelque chose de mélancolique, qui serreroit le cœur, si l'imagination n'étoit pas distraite par la magnificence des plus belles constructions, par la richesse des plus riantes cultures. C'étoit le revers d'un rocher aride, embrassé par la mer; mais les efforts de l'homme y ont fait naître les dons les plus précieux de la nature. Pressé entre la mer immense et des hauteurs inaccessibles, il offroit l'image d'une prison; l'art, vainqueur du sol, en a fait un séjour délicieux. Ses bâtimens, qui s'étendent en amphithéâtre depuis le port jusqu'au tiers de l'élévation de la montagne, et au delà desquels se développent de degrés en degrés des vergers d'une grâce inexprimable, de jolis bois de châtaigniers, des buissons de figuiers, de grenadiers, de myrtes, de jasmins qui embaument l'air, et au-dessus de tout cela, la cîme austère des Alpes Illyriennes, rappellent au voyageur qui traverse le golfe, l'ingénieuse invention du chapiteau corinthien : c'est une corbeille de bouquets, frais comme le printemps, qui repose sous un rocher. Dans cette solitude ravissante, mais bornée, on n'a rien négligé pour multiplier les sensations agréables. La nature a donné à Trieste une petite forêt de chênes verts, qui est devenue un lieu de délice : on l'appelle, dans le langage du pays, le *Farnedo*, ou le Bosquet. Jamais ces divinités champêtres,

dont les heureux rivages de l'A-
driatique sont la terre favorite,
n'ont prodigué, dans un espace
de peu d'étendue, plus de beautés faites pour séduire. Le Bosquet joint souvent, même à tous
ses charmes, celui de la solitude; car l'habitant de Trieste,
occupé de spéculations lointai-
nes, a besoin d'un point de vue
vaste et indéfini comme l'espérance. Debout, sur l'extrémité
d'un cap, et sa lunette fixée sur
l'horizon, son plaisir est de chercher une voile lointaine, et, depuis le *Farnedo,* on n'aperçoit

pas la mer. Madame Alberti y conduisoit souvent son Antonia, parce que là, seulement, elle trouvoit le tableau du monde étranger à celui où sa pupille avoit vécu jusqu'alors, et capable d'exciter dans sa jeune imagination le désir des sensations nouvelles. Pour une âme vive, le *Farnedo* est à mille lieues des villes; et madame Alberti cherchoit à développer en Antonia cet instinct de l'immensité qui atténue les impressions locales et qui les rend moins durables et moins dangereuses. Elle avoit déjà assez d'expérience de la vie, pour savoir qu'être heureux, ce n'est que se distraire.

La fête du Bosquet des chênes avoit d'ailleurs le charme le plus piquant pour madame Alberti. Élevée comme un homme dont on veut faire un homme instruit, elle connoissoit les poètes, et avoit rêvé souvent ces danses d'Arcadie et de Sicile, qui ont tant d'agrémens dans leurs vers. Elle se les rappeloit au costume près, en voyant le berger istrien dans son habit flottant et léger chargé de nœuds de rubans, sous son large chapeau, couronné de bouquets de fleurs, soulever en passant, et remettre sur le gazon la jeune fille qui lui échappe, la tête voilée, sans avoir été reconnue, et qui se perd, dans un autre groupe, au milieu de ses compagnes, semblables entre elles. Souvent une voix s'élève tout à coup parmi les danseurs, celle d'un aventurier des Apennins, qui chante quelques strophes de l'Arioste ou du Tasse : c'est la mort d'Isabelle, ou celle de Sophronie;

et, chez cette nation qui jouit de toutes ses émotions, et qui est fière de toutes ses erreurs, les illusions d'un poète sont des autorités qui demandent des larmes. Un jour, comme Antonia pénétroit à côté de sa sœur, au milieu d'une de ces assemblées, elle fut arrêtée par le son d'un instrument qu'elle ne connoissoit point : elle s'approcha, et vit un vieillard qui promenoit régulièrement sur une espèce de guitare, garnie d'une seule corde de crin, un archet grossier, qui en tiroit un son rauque et monotone, mais très-bien assorti à sa voix grave et cadencée. Il chantoit, en vers esclavons, l'infortune des pauvres Dalmates que la misère exiloit de leur pays; il improvisoit des plaintes sur l'abandon de la terre natale, sur les beautés des douces campagnes de l'heureuse Macarsca, de l'antique Tras; de Curzole aux noirs ombrages; de Cherso et d'Ossero, où Médée dispersa les membres déchirés d'Absyrthe; de la belle Epidaure, toute couverte de lauriers roses, et de Salone, que

Dioclétien préféroit à l'empire du monde. A sa voix, les spectateurs d'abord émus, puis attendris et transportés, se pressoient en sanglottant. Quelques-uns poussoient des cris aigus, d'autres ramenoient contre eux leurs femmes et leurs enfans; il y en avoit qui embrassoient le sable et qui le broyoient entre leurs dents, comme si on avoit voulu les arracher aussi à leur patrie. Antonia surprise, s'avançoit lentement vers le vieillard, et, en le regardant de plus près, elle s'aperçut qu'il étoit aveugle comme Homère. Elle chercha sa main pour y déposer une pièce d'argent percée, parce qu'elle savoit que ce don étoit précieux aux pauvres Morlaques qui en ornent la chevelure de leurs filles. Le vieux poète la saisit par le bras et sourit, parce qu'il s'aperçut que c'étoit une jeune femme. Alors, changeant sur-le-champ de mode et de sujet, il se mit à célébrer les douceurs de l'amour et les grâces de la jeunesse Il ne s'accompagnoit plus de la *guzla*, mais il accentuoit ses vers avec bien plus de

véhémence, et rassembloit tout ce qu'il avoit de forces, comme un homme dont la raison est dérangée par l'ivresse ou par une passion violente ; il frappoit la terre de ses pieds, en ramenant vivement vers lui Antonia, presque épouvantée. « Fleuris, fleu-
« ris, s'écrioit-il, dans les bos-
« quets parfumés de Pirano et
« parmi les raisins de Trieste, qui
« sentent la rose. Le jasmin lui-
« même, qui est l'ornement de
« nos buissons, périt et livre sa
« petite fleur aux airs, avant
« qu'elle se soit ouverte, quand

« le vent a jeté sa graine dans
« les plaines empoisonnées de
« Narente. C'est ainsi que tu sé-
« cherois, si tu croissois, jeune
« plante, dans les forêts qui sont
« soumises à la domination de
« Jean Sbogar. »

CHAPITRE III.

Les collines entendent le son de cette voix terrible; leurs noirs rochers et leurs bosquets en frémissent. Avertis par les songes du danger, le peuple court à travers les bruyères, et allume les signaux d'alarmes.

OSSIAN.

Antonia retourna lentement vers la ville, appuyée sur sa sœur, mais silencieuse et pensive. Le nom du brigand faisoit naître pour la première fois dans son cœur un sentiment de crainte personnelle, une vague inquiétude de l'avenir. Elle avoit pensé au sort des malheureux qui tomboient dans ses mains, sans supposer jamais que cette destinée pût devenir la sienne, et le langage comme inspiré du vieil improvisateur morlaque l'avait frappée de terreur, en lui faisant comprendre la possibilité de cette épouvantable infortune, parmi les divers accidens dont la vie est menacée. Cette idée étoit cependant si dénuée de raison, ce danger si éloigné de toute vraisemblance, qu'Antonia qui n'avoit point de secrets pour madame Alberti, n'osa lui confier le sujet de son trouble. Elle se rapprochoit d'elle, se pressoit contre elle avec un frisson que le progrès de la nuit, le silence de la solitude, le murmure plus effrayant encore, qui sortoit de temps en temps du fond des bois, ne faisoient qu'augmenter. Inutilement madame Alberti cherchoit à désoccuper sa pensée du sentiment qui paroissoit la remplir; comme elle ignoroit ce qui pouvoit l'exciter, le hasard lui fit choisir le motif de conversation le plus propre à l'entretenir. Quelle funeste renommée que celle de Jean Sbogar ! dit-elle. Combien il est douloureux de fixer l'attention des hommes à ce prix ! — Et qui sait cependant, reprit Antonia, si ce n'est pas le désir insensé de fixer leur attention qui a produit tant d'égaremens et tant de crimes. Au reste, ajouta-t-elle, dans la secrète intention peut-être de se rassurer elle-même, il y a sans doute beaucoup d'exagération dans ce que l'on en raconte. Je suis portée à croire que nous calomnions un peu ces gens qu'on appelle des scélérats, et l'idée que j'ai de la bonté de Dieu ne se concilie pas bien avec la possibilité d'une dépravation si horrible. — La bienveillance de ton cœur t'abuse, répondit madame Alberti; il est vrai que le mal absolu répugne à la juste idée que nous nous faisons de l'extrême bonté du Créateur et de la perfection de ses ouvrages; mais il l'a cru certainement nécessaire à leur harmonie, puisqu'il l'a placé dans tout ce qui est sorti de ses mains à côté du bon et du beau. Pourquoi n'auroit-il pas jeté dans la société des âmes dévorantes et terribles, qui ne conçoivent que des pensées de mort, comme il a déchaîné dans les déserts ces tigres et ces panthères effroyables, qui boivent le sang des animaux sans jamais s'en désaltérer? Il a permis le mal dans l'ordre moral, quoiqu'il fût le principe de tout bien; mais n'a-t-il pas donné des formes hideuses à certaines espèces dans l'ordre physique, quoiqu'il fût le principe de toute beauté, et qu'il ait revêtu ses ouvrages de tant d'attraits quand il l'a voulu? N'as-tu pas remarqué qu'il se plaisoit à attacher le sceau repoussant de la laideur la plus rebutante aux êtres malveillans et dangereux? Tu te souviens de cette espèce de vautour blanc comme la neige, qu'un des correspondans de mon père avoit apporté de Malte? Sa forme n'a rien de désagréable; il n'y a rien de plus pur et de plus élégant que son plumage; quand on le voit par le dos sur une des pierres éparses des cimetières où il fait sa demeure, on désire s'en approcher et l'examiner en détail ; s'il se retourne, en sautillant sur ses jambes grêles, et qu'il arrête sur vous son œil plein d'un feu sanglant entouré d'une large pellicule cadavéreuse, comme d'un masque de spectre, vous tressaillez d'horreur et de dégoût. Sous les apparences les plus flatteuses, je me persuade qu'il en est de même de tous les méchans; et qu'on trouve en eux, au premier regard, le signe distinct de réprobation que Dieu leur a attaché en les créant pour le mal. — D'après cela, dit Antonia en affectant de sourire, ton imagination ne prête pas des charmes bien séduisans au chef des *Frères du bien commun* ; tu dois te faire une étrange idée de la beauté de Jean Sbogar. — Madame Alberti, qui se représentoit avec une facilité extrême les objets dont sa pensée étoit frappée, et qui s'étoit composée sur-le-champ l'idéal du plus féroce des bandits, alloit répondre à sa sœur, quand le bruit d'un pas précipité se fit entendre, derrière elles, au détour du chemin. La nuit étoit tout-à-fait tombée, et tous les promeneurs étoient rentrés dans les bastides, dont l'amphithéâtre est semé d'espace en espace. Les deux sœurs s'arrêtèrent en tremblant, péniblement prévenues par les sombres images qui venoient de passer devant leurs yeux. Elles écoutoient, immobiles, et la respiration suspendue. Une voix douce, mélodieuse, une de ces voix qui ont le privilége d'enchanter les soucis, de transporter l'âme dans une région plus calme, dans une vie plus parfaite, fit succéder à leur trouble une agréable émotion. C'étoit un jeune homme; on pouvoit en juger à la délicatesse et à la fraîcheur de son organe. Il étoit enveloppé d'un manteau court à la vénitienne, coiffé d'un chapeau retroussé, à panache flottant, et il passoit au-dessus du sentier, ou plutôt il voloit de rocher en rocher, comme un fantôme de nuit, en répétant le refrain du vieil aveugle : « Si jamais tu croissois, « jeune plante, dans les forêts « soumises à la domination de

« Jean Sbogar, du cruel Jean
« Sbogar. » Parvenu à un roc
plus élevé, que sa blancheur
détachoit du contour obscur de
la montagne, il resta debout et
interrompit brusquement son
refrain ; puis, après un moment
de silence, il partit près de lui
un cri si sauvage, si douloureux, si formidable tout à la
fois, qu'il ne sembloit pas procéder d'une voix humaine; et au
même instant, ce gémissement
farouche, semblable à celui
d'une hyène qui a perdu ses pe-

tits, se répéta sur vingt points différens de la forêt : ensuite l'inconnu disparut, en reprenant sa romance.

Antonia ne fut entièrement rassurée qu'à l'entrée de la ville, et elle s'étoit souvent promis, en revenant, de ne plus quitter si tard le *Farnedo*. Cependant, en y réfléchissant depuis, elle condamnoit ses terreurs, et trouvoit, à tout ce qui l'avoit émue, des explications naturelles; mais sa foiblesse et sa timidité ne tardoient pas à l'emporter encore sur les efforts de sa raison. Sa sensibilité, à défaut d'exercice extérieur, s'attachoit de plus en plus à des chimères effrayantes : elle se perdoit dans un vague sans bornes, et il se composoit en elle un sentiment inquiet du monde, que son isolement, sa défiance, son éloignement pour toutes les sociétés nombreuses rendoient de jour en jour plus irritable; quelquefois ce désordre d'idées, que produit la peur, alloit jusqu'à une sorte d'égarement qui lui causoit de la honte et de l'effroi. Madame Alberti l'avoit remarqué avec une extrême douleur; mais, fidèle à son système de distraction, elle se promettoit toujours de fournir assez de diversions à son esprit, jusqu'à ce qu'une affection heureuse et légitime vînt en donner à son cœur. C'étoit la dernière, c'étoit aussi la la plus agréable et la plus spécieuse de ses espérances. Il ne faut en effet désespérer de rien pour ceux qui n'ont pas aimé :

leur existence a un complément à recevoir, et un complément qui fait souvent la destinée de tout le reste.

CHAPITRE IV.

> Ce sont des hommes redoutables que le désir de voir du sang tient éveillés pendant les plus longues nuits d'hiver, et qui égorgeroient une jeune mariée pour avoir son collier de perles.
>
> GONDOLA.

Les promenades du Farnedo n'avoient pas discontinué; seulement madame Alberti avoit soin de les commencer de bonne heure, et de rentrer dans Trieste avant le déclin du jour. La saison étoit ardente, et l'ombrage des chênes entretenoit à peine assez de fraîcheur pour tempérer les ardeurs du soleil, quand le vent d'Afrique souffloit sur le golfe. Des nuages énormes d'un jaune terne, et cependant éblouissant, s'amassent dans une partie du ciel, roulent et tombent de leurs sommets gigantesques, comme des avalanches de feu, s'étendent, s'aplanissent et se fixent. Un bruit sourd les accompagne, et cesse quand ils s'arrêtent : alors la nature entière reste enchaînée de terreur, comme un animal menacé de sa destruction, qui prend l'aspect de la mort pour lui échapper. Il n'y a pas une feuille qui frémisse, pas un insecte qui bruisse sous l'herbe immobile. Si l'on tourne les yeux vers l'endroit où doit être le soleil, on voit flotter dans une colonne oblique d'atômes lumineux, la poussière impalpable que le Sirocco a enlevée au désert, et dont on reconnoît l'origine à sa nuance d'un rouge de brique. Nul mouvement d'ailleurs qui se fasse apercevoir, si ce n'est celui du milan qui décrit, au haut du firmament, son vol circulaire, en marquant de loin, dans le sable, sa proie accablée sous le poids de cette atmosphère redoutable. Nulle voix qui se fasse entendre, si ce n'est le cri aigu et plaintif des animaux carnassiers, qui, remplis d'un instinct féroce, et se croyant au dernier jour du monde, viennent réclamer les débris des êtres créés qui leur ont été promis. L'homme lui-même, malgré sa puissance morale, cède à cette puissance contre laquelle il n'a jamais essayé ses facultés. Son noble front se penche vers la terre, ses membres foiblissent et se dérobent sous lui; sans courage et sans ressort, il tombe et attend, dans une langueur invincible, qu'un air plus doux le ranime, rende le mouvement à ses esprits, la chaleur à son sang, et la vie à la nature.

Madame Alberti se reposoit souvent, avec Antonia, sous un groupe d'arbres, dans un joli endroit d'où l'on découvre une partie de Trieste, jusqu'à l'église des Grecs, et où la terre est revêtue d'un gazon court et frais qui invite au sommeil. Antonia, dont les organes délicats ne résistoient pas à l'impression du sirocco, s'étoit endormie, et sa sœur se promenoit à quelques pas, en lui faisant une guirlande de petites véroniques bleues, à la manière des filles d'Istrie, qui les tressent avec beaucoup d'art. Comme il lui en manquoit quelques-unes pour la compléter, elle avoit marché en divers sens hors de l'enceinte où Antonia reposoit; et quand elle s'étoit aperçue qu'elle en étoit sortie; les efforts qu'elle avoit faits pour la retrouver l'en avoient éloignée davantage. D'abord elle s'étoit amusée de son erreur, comme d'un accident sans conséquence; puis elle s'étoit un peu inquiétée; et son inquiétude, qui rendoit sa démarche plus précipitée, la rendoit aussi plus incertaine. Enfin, l'inquiétude avoit fait place à un sentiment un peu plus pénible, mais qui devoit céder à la réflexion. Il y avoit un moyen sûr de retrouver Antonia : c'étoit de l'appeler avec force; mais un cri auroit troublé son repos, et non pas sans danger pour cette organisation vive et sensible, que la moindre émotion inattendue offensoit toujours. Quoi de plus naturel, que de penser, au contraire, qu'Antonia, réveillée, appelleroit sa sœur, avant de s'être effrayée de son absence! A cette idée, madame Alberti, rassurée, s'assit et continua sa guirlande.

Pendant ce temps-là, Antonia s'étoit réveillée en effet. Un bruit léger qui se faisoit entendre en face d'elle, dans le feuillage, avoit interrompu à demi son sommeil, et sa paupière s'étoit à demi soulevée sous celui de ses bras qui enveloppoit sa tête. A travers les boucles de ses cheveux, qui couvroient une partie de son visage, elle avoit aperçu, mais d'une manière que la foiblesse de sa vue rendoit plus vague et plus alarmante, deux hommes qui la regardoient attentivement. L'un d'eux, comme voilé d'un large panache qui retomboit sur sa figure, s'appuyoit sur l'autre, qui étoit agenouillé à ses pieds, les jambes croisées sous lui, dans l'attitude des Ragusains en repos. Antonia, saisie de crainte, referma les yeux et retint sa respiration, pour ne pas laisser reconnoître l'agitation qu'elle éprouvoit, au mouvement de son sein. « La voilà, dit un des inconnus, voilà la fille de *la casa Monteleone* qui a fixé le sort de ma vie. » Maître, lui répondit l'autre, vous en disiez autant de la fille de ce bey à qui nous avons tué tant de monde, et de l'esclave favorite de ce pacha sur qui nous avons pris la forteresse de Czetim. Par saint Nicolas, si nous avions voulu en faire autant pour réduire la Valachie, vous seriez maintenant hospodar, et nous n'aurions pas besoin.... «Tais-toi, Ziska, reprit celui qui avoit parlé le premier, tes ridicules exclamations la tireront de son sommeil, et je serai privé du bonheur de la voir, dont je ne jouirai peut-être plus. Prends garde d'agiter l'air qui circule autour d'elle, car je te punirois jusque sur ton vieux père qui pleure si amèrement de t'avoir enfanté. Tu ris, Ziska........ Conviens cependant que mon Antonia est belle... — Pas mal, dit Ziska, mais pas assez pour efféminer un cœur d'homme, et pour arrêter une troupe de braves dans une forêt de plaisance, où il n'y a pas de l'eau à boire. Maître, continua-t-il en se relevant, où voulez-vous que je porte cet enfant? » Antonia trembla, et, malgré elle, son bras retomba sur son sein. « Misérable, reprit d'une voix sourde le maître de Ziska, qui t'a demandé tes abominables services ? Sais-tu que cette fille est mon épouse devant Dieu seul, et que j'ai juré que jamais une main mortelle ne détacheroit un seul fleuron de sa couronne de vierge, pas même la mienne, Ziska : non, je n'aurai jamais un lit commun avec elle sur la terre...... Que dis-je ? ah ! si je savois que mes lèvres profanassent un jour ces lèvres innocentes, qui ne se sont entr'ouvertes qu'aux chastes baisers d'un père, je les brûlerois avec un fer ardent. Notre jeunesse a été bercée dans des idées violentes et farouches ; mais cette jeune fille est sacrée pour mon amour, et je veille à la conservation de ses cheveux...... Mon âme s'attache à elle, plane sur elle, vois-tu, et la suit à travers de cette courte vie, au milieu de toutes les embûches des hommes et de la destinée, sans qu'elle m'aperçoive un moment. C'est ma conquête de l'éternité ; et, puisque j'ai perdu mon existence, puisqu'il m'est défendu de la faire partager à une créature douce et noble comme celle-ci, je m'en empare pour le néant. Je jure, par le sommeil qu'elle goûte maintenant, que son dernier sommeil nous réunira, et qu'elle dormira près de moi jusqu'à ce que la terre se renouvelle. » Le trouble d'Antonia n'avoit cessé de s'augmenter, mais il commençoit à se mêler de curiosité et d'intérêt. Elle voulut regarder, sa vue trop foible la servit mal ; elle souleva doucement sa tête, les inconnus s'éloignèrent. Elle se leva tout-à-fait, et fixa ses yeux sur l'endroit où elle les avoit entendus ; il n'en restoit qu'un seul qui se glissoit, courbé sous les buissons : il étoit hideux.

Les inconnus avoient à peine disparu, que madame Alberti, avertie par quelque bruit, arriva au pied du chêne sous lequel Antonia s'étoit endormie. Elle écouta son récit, sans y croire. Antonia lui avoit donné trop de preuves de la foiblesse de sa raison, pour qu'elle soupçonnât autre chose qu'une vision, ou l'illusion d'un songe, dans ce qu'elle racontoit; mais comme cette idée même lui inspiroit un attendrissement remarquable, sa sœur se trompa sur la nature de son émotion; elle attribua à la compassion qu'excite un grand péril, la pitié que fait naître un grand égarement d'esprit. Elle se livra avec abandon aux idées qu'elle avoit conçues, et cette préoccupation habituelle prit, autant qu'elle pouvoit le prendre, le caractère d'une manie. Eh quoi! pauvre infortunée, s'écria enfin madame Alberti, de qui te persuades-tu que tu sois aimée? D'un des lieutenans de Jean Sbogar,

Dieu me pardonne! — De Jean Sbogar, reprit Antonia en reculant, comme si elle avoit marché sur une vipère...... Cela est probable!

Il étoit impossible, d'après cela, de retourner au *Farnedo*. Antonia ne sortoit presque point de la maison; seulement, quand son esprit plus calme n'avoit pas été troublé par quelques-unes de ces terreurs dont l'objet passoit pour imaginaire, elle alloit, seule, respirer, sur le port, la bise fraîche du soir. Quelquefois elle s'arrêtoit sous les murs du palais Saint-Charles, et elle cherchoit à découvrir, de là, ce château de Duino, dont son père et sa sœur lui avoient parlé si souvent. Arrivée au môle qui s'en rapproche, elle s'avançoit machinalement le long de la chaussée, jusqu'à l'endroit où elle se termine par un petit ouvrage élevé, revêtu, du côté de la mer, d'un banc étroit, qui ne peut recevoir qu'une seule personne. Cette solitude, placée entre une ville habitée et la mer déserte, plaisoit à son imagination et ne l'effrayoit pas. Elle aimoit à voir, après une journée nébuleuse, le flux sensible du golfe, quand sa face ardoisée se rompt tout à coup d'espace en espace, que les bancs écumeux se précipitent l'un sur l'autre vers le rivage; que la vague monte, blanchit et retombe sous la vague qui la suit, qui l'enveloppe et l'entraîne dans une vague plus éloignée; tandis que les goélands s'élèvent à perte de vue, redescendent en roulant sur eux-mêmes, comme le fuseau d'une bergère qui s'échappe de sa main, effleurent l'eau, la soulèvent de l'aile, ou semblent courir à sa surface. Un soir qu'elle y avoit demeuré plus long-temps que de coutume, retenue par le charme de la nuit, qui n'avoit jamais été d'une sérénité plus pure et qu'éclairoit une lune resplendissante, elle prenoit plaisir à voir la lumière de cet astre paisible s'étendre du haut des montagnes en nappes argentées, lavées d'une légère teinte bleuâtre, et marier la terre, la mer et le ciel, inondés de sa clarté immobile. Le silence de la côte, interrompu seulement d'heure en heure par les signaux des gardes-marine, laissoit entendre le frémissement de l'eau qui venoit mourir devant Antonia, et le battement d'une petite barque attachée à l'extrémité du môle, que le flot repoussoit à intervalles égaux contre le pied de la chaussée. Sa pensée, plongée dans un vague infini, comme l'élément qui s'offroit à ses yeux, avoit perdu de vue le monde, quand une subite impression d'effroi la rendit à toutes ses alarmes. Cette sensation, rapide comme l'éclair, déterminée par une liaison inexplicable d'idées, c'étoit le souvenir de ce qui lui étoit arrivé dans sa dernière promenade au *Farnedo*, de l'incompréhensible apparition de cet homme qui s'étoit arrogé un pouvoir absolu sur sa vie. Tel est le pouvoir de l'imagination, qu'elle se représenta sur-le-champ cette scène, et, qu'au bout d'un moment, tous ses sens, également trompés, se livrèrent à l'illusion la plus complète. Elle crut encore voir et entendre. Une vive lumière partie du Duino, et suivie d'une explosion sourde, détruisit le prestige, mais l'impression subsistoit. Le cœur d'Antonia battoit avec violence; une sueur froide couloit sur son front; son regard inquiet cherchoit à droite et à gauche un objet qu'elle craignoit de voir; son oreille écoutoit dans le silence, et s'impatientoit de sa continuité désolante. Elle auroit voulu être distraite de cette terreur sans objet par une cause raisonnable de crainte. A force d'attention, elle crut remarquer qu'on parloit à demi-voix auprès d'elle : elle se leva et se rassit ; ses jambes trembloient. Les voix prirent un peu plus de force, mais elles s'approchoient davantage. Elle crut reconnoître l'accent de ce Ragusain qui avoit proposé de l'enlever de la forêt : *Où voulez-vous que je porte cet enfant ?* et au même instant il lui sembla qu'on prononçoit à-peu-près les mêmes paroles Elle avoit peine à se persuader elle-même que ses sens ne fussent pas trompés par un songe : elle se pencha pour entendre mieux ; ces mots n'étoient pas achevés, ou bien on les répétoit. Ils frappèrent distinctement son oreille. Plutôt mourir, répondit une voix plus élevée, qui étoit d'ailleurs plus rapprochée d'elle. Elle jugea qu'elle n'étoit séparée de l'homme qui parloit, que par l'angle étroit que la muraille projetoit sur la chaussée : un peu plus elle auroit senti l'air agité par son souffle. Elle se reporta rapidement à l'autre extrémité du banc; et, pendant ce mouvement, elle vit deux hommes qui s'élançoient dans la petite barque, et qui s'éloignoient à force de rames. La lune étoit cachée derrière des nuages d'un gris de perle, qui se déchiroient peu à peu en épais flocons. Un de ses rayons tomba sur la nacelle, et éclaira une plume blanche abandonnée aux vents, qui ombrageoit le chapeau d'un des voyageurs. Antonia ne distinguoit presque plus rien. Empressée de regagner la ville, elle parcourut en deux ou trois minutes la longueur de la chaussée, et passa comme une ombre à côté du factionnaire qui se reposoit sur son escopette. « Dieu vous garde, signora ! lui dit-il. Il se fait tard pour les jeunes filles. — Je croyois être seule sur le môle, répondit-elle. — Aussi y étiez-vous, reprit le soldat ; et depuis une heure, âme qui vive ne s'en est approchée, à moins que ce ne soit le démon, ou Jean Sbogar. — Le Ciel nous préserve de Jean Sbogar ! s'écria Antonia. — Dieu vous écoute ! dit le soldat en se signant. » Au même instant, le canon retentit pour la seconde fois du côté de Duino.

Ce nouveau récit d'Antonia ne fut pas accueilli avec plus de confiance que le premier. Il étoit trop visible que l'attention compatissante et douloureuse qu'on feignoit de lui accorder n'avoit rien de commun avec l'intérêt de la conviction. Frappée de cette idée, elle insista avec un calme noble qui étonna madame Alberti, mais qui ne la persuada pas. Antonia, restée seule, couvrit ses yeux de ses mains, et réfléchit sur sa situation avec une profonde amertume. L'opinion qu'elle s'étoit faite, dès l'enfance, de la singularité de son organisation et de l'état de disgrâce dans lequel la nature l'avoit fait naître, confirmée par le sentiment qu'elle excitoit autour d'elle, se fixa devant son esprit et développa au plus haut degré cette disposition extrême à la défiance et à la crainte, qui faisoit le fond de son caractère. Sa foiblesse étoit une espèce de maladie morale, qui n'est pas difficile à guérir avec les soins et les ménagemens dont madame Alberti étoit capable; mais celle-ci y voyoit autre chose, et sa prévention s'étoit augmentée à cet égard de tous les efforts qu'elle avoit faits pour la vaincre. Antonia étoit son unique pensée, l'espérance, l'amour et le but de sa vie. Perdre cette fille chérie par la mort, ou la voir ravie aux projets qu'elle avoit fondés sur elle, par un égarement incurable d'esprit, c'étoit à-peu-près la même chose; et quand elle avoit eu lieu de redouter ce dernier malheur, elle avoit tout fait pour se persuader qu'il étoit impossible. Dans la funeste erreur de sa tendresse, elle repoussoit bien le soupçon qui l'obsédoit, parce qu'il l'auroit tuée; mais il y avoit trop de danger à le considérer en face, à le discuter froidement, à s'en rendre compte enfin pour qu'elle osât l'entreprendre. Elle étoit parvenue à s'en distraire, et non pas à le chasser. Son imagination vive et absolue d'ailleurs dans toutes les idées qu'elle se faisoit des choses, et qui s'attachoit, par une préférence involontaire et invincible, à celles qui étoient les plus pénibles à croire, ne modifioit presque jamais l'aspect sous lequel elle les avoit vues une fois. Les deux sœurs se regardoient donc avec un attendrissement mutuel, provenant dans l'une d'un excès de timidité, dans l'autre d'un excès de sollicitude qui les rendoient également malheureuses.

CHAPITRE V.

O mon Dieu ! vous ne confondrez pas, dans les rigueurs de votre justice, l'innocent avec le coupable ! Frappez, frappez cette tête depuis long-temps condamnée ! elle se dévoue à vos jugemens ; mais épargnez cette femme et cet enfant que voilà seuls au milieu des voies difficiles et périlleuses du monde ! N'est-il point parmi ces pures intelligences, premier ouvrage de vos mains, quelque ange bienveillant, favorable à l'innocence et à la foiblesse, qui daigne s'attacher à leurs pas, sous la forme du pèlerin, pour les préserver des tempêtes de la mer, et détourner de leur cœur le fer acéré des brigands ?

Prière du Voyageur.

A cette époque, des affaires très-importantes, que leur père avoit laissé à régler à Venise, y demandèrent la présence de madame Alberti. Elle regarda cette circonstance comme la plus heureuse qui pût arriver dans l'état d'Antonia, et se persuada de nouveau que les impressions fâcheuses qui avoient altéré son jugement, et qui paroissoient dépendre de l'influence des lieux et des souvenirs, céderoient enfin à un changement total d'habitude et de genre de vie. La grande fortune dont elles jouissoient leur permettoit de se procurer, dans cette ville opulente et magnifique, tous les plaisirs que le luxe et les arts y réunissent de tous les points du monde; et cette nouvelle espèce d'émotion, qui s'adresse plus à l'imagination qu'à la sensibilité, offroit infiniment moins de danger pour une âme irritable, que celles qui résultent de la contemplation des beautés naturelles de l'univers, dont la grandeur imposante accable la pensée. Le voyage de Venise fut donc résolu, et jamais Antonia n'avoit reçu aucune nouvelle avec plus de joie. Trieste étoit devenu pour elle un palais magique, où, sans cesse observée par des espions invisibles, elle vivoit à la merci d'un tyran inconnu, maître absolu de sa liberté et de sa vie, qui plusieurs fois avoit balancé à l'enlever du milieu des siens, pour la transporter dans un monde nouveau, dont elle ne se faisoit pas d'idée sans frémir, et qui étoit peut-être à la veille d'accomplir cette funeste résolution, si la Providence ne la déroboit à ses yeux. L'espérance de se voir délivrée de ce sujet de terreur, agit promptement sur elle, et lui rendit en peu de jours cette fraîcheur et cette grâce de jeunesse que l'inquiétude avoit long-temps flétrie. Le sourire reparut sur ses lèvres, la sérénité sur son front; une confiance plus expansive, un abandon plus doux régna dans ses discours; et madame Alberti, enchantée que la seule approche du départ produisît des effets si propres à justifier ses conjectures, ne négligea rien pour le hâter encore davantage. Le défaut de sûreté des chemins publics exigeoit cependant qu'il fût remis à un jour fixe où se réunissoient tous les voyageurs qui se dirigeoient vers un même point, pour se servir réciproquement d'escorte. La voiture de madame Alberti se trouva la neuvième au rendez-vous, sur la plate-forme sablonneuse d'Opschina, d'où l'œil embrasse au loin le golfe et les dunes inégales dont son long circuit est hérissé. Antonia et sa sœur étoient accompagnées d'un aumônier, d'un homme d'affaires, d'un vieux domestique de confiance, et de deux femmes. Il restoit-

une place vacante dans l'intérieur. La journée étoit déjà avancée, parce que la *bora*, qui avoit soufflé le matin, avoit fait craindre un de ces ouragans qu'on ne brave jamais impunément sur les côtes élevées de l'Istrie, d'où ils enlèvent les charges les plus pesantes, qu'ils roulent jusqu'au fond des abîmes. Cette caravane étoit d'ailleurs assez nombreuse, pour qu'il n'y eût pas de crainte raisonnable à concevoir des brigands, même quand on se trouveroit surpris par la nuit la plus obscure; et on ne devoit coucher qu'à Montefalcone qui est, à quelques lieues de là, sur les bords poétiques du Timave. La soirée s'étoit tout-à-coup embellie, l'air étoit frais et pur, le ciel sans nuages. Les équipages se suivoient lentement dans les pentes roides et raboteuses du revers des montagnes de Trieste, à travers de vastes halliers semés de rochers qui lèvent çà et là leurs crêtes aiguës et sourcilleuses dans une mousse courte et aride. La seule verdure qu'on y remarque, est celle de la feuille lustrée du houx, et de quelques ronces qui traînent leurs bras épineux sur le sable. Au pied de la côte on apercevoit un groupe de petites maisons de l'aspect le plus triste, dont les toits, chargés de pierres énormes, attestoient les ravages de la *bora*, par les obstacles souvent inutiles qu'on multiplie contre elle, dans tous les lieux où elle a coutume de se déchaîner. C'étoit le hâmeau de Sestiana, peuplé de mariniers et de pêcheurs.

Pendant que les chevaux se

délassoient du long effort qu'ils avoient opposé au poids qui se précipitot sur eux, dans un chemin glissant et rapide, le vieil hôte de Sestiana s'appuya à la portière de la voiture de madame Alberti, et la pria, au nom de la charité chrétienne, de recevoir, jusqu'à Montefalcone, un pauvre voyageur accablé de fatigue, qui ne pouvoit continuer sa route. C'étoit un jeune moine du couvent arménien des Lagunes de Venise, qui revenoit de la mission, et dont la figure douce et honnête lui avoit inspiré le plus vif intérêt. Cette prière étoit de celles que madame Alberti et sa sœur n'auroient jamais repoussées, quelque raison qu'elles eussent pour le faire. La portière s'ouvrit, et l'Arménien, soutenu par le bon vieillard qui l'avoit présenté, mit le pied sur les marches du carrosse, après avoir balbutié quelques mots de remercîment, et se souleva péniblement vers la place qui lui étoit destinée. Sa main, blanche et douce comme celle d'une jeune fille, s'appuya par mégarde sur la main de madame Alberti, mais il la retira précipitamment; et, reconnoissant que la voiture étoit presque entièrement occupée par des femmes, il rabattit sur son visage les ailes démesurées de son feutre rond, avant d'avoir été aperçu. Bientôt après on se remit en marche. La nuit étoit alors tout-à-fait tombée.

L'intervalle de Sestiana à Duino est rempli par une grève légère d'un sable fin et mobile, qui fuit de toutes parts sous les roues, et dans lequel la voiture, se relevant et s'enfonçant tour à tour, semble agitée par un mouvement d'ondulation pareil à celui des flots. Une circonstance qui augmente ce prestige dans la lumière fausse et trompeuse des astres du soir, c'est la couleur brillante de l'arène argentée, et l'étendue vague de l'horizon, qui, moins circonscrit que pendant le jour, se prolonge de toute l'incertitude de ses ténèbres, et présente aux yeux quelque image de la vaste mer. Il semble alors que les chevaux sont descendus dans un gué et parcourent un espace inondé par les eaux des montagnes. Antonia, qui occupoit un des angles de la voiture, avoit levé la glace de son côté, et jouissoit, en respirant l'air froid, mais énergique de la nuit, de cette espèce d'illusion. La difficulté de la marche des chevaux sur le sol fugitif et profond qui se déroboit à tout moment sous leurs pas, les avoit extrêmement ralentis, et la moindre agitation extérieure se faisoit remarquer. Plusieurs fois Antonia, qui n'étoit que trop disposée à saisir tous les sujets d'inquiétude, avoit cru voir des ombres d'une forme singulière se glisser dans l'espace indécis qui s'étendoit devant elle; et, troublée, elle avoit retenu sa respiration, pour savoir si ce mouvement n'étoit pas accompagné de quelque bruit, ce qui devoit être indubitablement, s'il résultoit d'autre chose que d'une simple erreur de sa vue. Tout-à-coup le postillon, qui éprouvoit peut-être quelque chose de semblable, ou qui craignoit de céder au sommeil, se mit à entonner un *pisme* dalmate, sorte de romance qui n'est pas sans charme, quand l'oreille y est accoutumée, mais qui l'étonne par son caractère extraordinaire et sauvage, quand on l'entend pour la première fois, et dont les modulations sont d'un goût si bizarre, que les seuls habitans du pays en possèdent le secret. Le chant en est extrêmement simple cependant, car il ne se compose que d'un motif répété à l'infini, selon l'usage des peuples primitifs, et de deux ou trois sons au plus qui reviennent dans le même ordre; ce qu'il y a d'incompréhensible, c'est l'espèce même de ces sons, qui ne paroissent pas procéder de la voix d'un homme, et dont un artifice analogue à celui de ces jongleurs de France, qu'on appelle *ventriloques*, mais qui est naturel au chanteur illyrien, change à tout moment l'expression, le volume, le lieu d'origine sensible. C'est une imitation successive et rapide des bruits les plus graves, des cris les plus aigus, et surtout de ceux que l'habitant des lieux déserts recueille au milieu des nuits dans la rumeur des vents, dans les sifflemens des tempêtes, dans les hurlemens des animaux épouvantés, dans ce concert de plaintes qui sort des forêts solitaires au commencement d'un ouragan, lorsque tout prend dans la nature une voix pour gémir, jusqu'à la branche que le vent a rompue, sans la détacher entièrement de l'arbre auquel elle appartient, et qui se balance en criant, suspendue à un reste d'écorce. Tantôt la voix pleine et sonore retentit sans obstacle autour des auditeurs ; tantôt on croiroit qu'elle résonne sous une voûte, et quelquefois que l'air l'enlève au delà des nuages et l'égare dans les cieux, où elle l'empreint d'un charme qu'on n'a jamais goûté dans les mélodies humaines. Cependant cette musique aérienne n'a pas la pureté si calme et si propre à reposer l'âme, que nous attribuons à celle des anges, même quand elle s'en approche le plus : elle est au contraire sévère au cœur de l'homme, parce que la pensée qu'elle éveille est pleine de souvenirs tumultueux, de sentimens passionnés, d'inquiétudes et de regrets; mais elle attache, elle entraîne, elle subjugue l'attention, qui ne peut se délivrer de son empire. Elle rappelle ces accords redoutables et doux des divinités marines, qui lioient les voyageurs et qui attiroient leur navire dans des écueils inévitables. L'étranger doué d'une imagination vive, qui, assis sur les rivages de Dalmatie, a entendu une seule fois la jeune fille morlaque exhaler son chant du soir, et livrer aux vents ces accens qu'aucun art ne sauroit enseigner, qu'aucun instrument n'imitera jamais, qu'aucune parole ne peut décrire, a pu comprendre la merveille des syrènes de l'Odyssée, et il a excusé, en souriant, la méprise d'Ulysse. Antonia, par un penchant commun à toutes les âmes foibles qui s'élancent volontiers hors des bornes de la nature, parce qu'elles ont besoin d'être protégées et surtout d'être aimées (c'est peut-être pour elles la même chose), Antonia jouissoit mieux que personne de ces effets mystérieux qui doublent l'aspect de la vie, et qui donnent un monde nouveau à l'intelligence. Elle ne croyoit pas à l'existence de ces êtres intermédiaires qui jouent un si grand rôle dans les superstitions de son pays natal et de son pays adoptif; de ces géans ténébreux qui règnent sur les hautes montagnes, où on les voit quelquefois assis dans une nue, le bras armé d'un pin énorme; de ces sylphes plus légers que l'air, qui ont leur palais dans le calice d'une petite fleur, et que le zéphir emporte en passant; de ces esprits nocturnes, qui gardent les trésors cachés sous un roc retourné sur sa pointe, ou qui errent à l'entour pour éloigner les voleurs, en laissant sur leur passage une flamme inconstante qui monte, descend, s'éteint pour renaître; disparoît et renaît encore : mais elle aimoit ces illusions, et le chant morlaque, qu'elle avoit souvent écouté avec plaisir, les renouveloit toutes à la fois. Elle écoutoit donc avec un intérêt vif et sans mélange, quand un mouvement singulier de la voiture, qui s'arrêta subitement en se balançant sur elle-même, vint interrompre sa rêverie. Les chevaux avoient reculé d'un pas, et la chanson morlaque expiroit dans la bouche du postillon. « Les voitures qui nous précèdent ont pris l'avance, dit-il, pendant que le moine montoit dans celle-ci; et la route est, si je ne me trompe, coupée par des brigands. — Que dit-il ? s'écria madame Alberti en s'élançant à la portière. — Que nous sommes arrêtés, reprit Antonia qui venoit de retomber dans l'angle de la voiture, et qui frissonnoit de terreur. — Arrêtés, répétèrent madame Alberti et les voyageurs. —Arrêtés, assassinés, perdus! continua le postillon : ce sont eux, c'est la troupe de Jean Sbogar; et voilà cet exécrable château de Duino, qui sera notre tombeau à tous. — Par saint Nicolas de Raguse! dit le moine arménien d'un accent profond et terrible, la terre s'écrouleroit plutôt sous nos pieds; » et, en finissant ces paroles, il s'étoit élancé au milieu des brigands. Le cri féroce qui avoit effrayé Antonia au *Farnedo*, se fit entendre au même moment, et mille voix horribles rugirent en le répétant. La portière étoit retombée derrière le missionnaire ; les stores étoient baissés, les chevaux restoient immobiles, un silence de mort régnoit dans la voiture, il n'arrivoit plus du dehors qu'un bruit sourd qui s'éloignoit de plus en plus, quand, au sifflement redoublé du fouet, les chevaux repartirent au grand galop, impatiens, comme si cet avertissement avoit détruit sur eux l'action d'un sortilége. Ils ne s'arrêtèrent qu'en rejoignant les autres voyageurs.

« Et l'Arménien ? s'écrioit depuis long-temps Antonia demi-penchée hors de la portière. Ce généreux, ce brave jeune homme qui s'est dévoué pour nous.... Mon Dieu ! mon Dieu ! l'aurions-nous abandonné aux assassins ? ce seroit une action sans excuse. — Sans excuse, répéta vivement madame Alberti. — Rassurez-vous, mes bonnes dames, répondit le postillon qui étoit descendu de son siége, et qui avoit repris toute sa sécurité. Ce moine n'a rien à craindre des assassins ; ils ne peuvent rien sur lui ; et, afin que vous le sachiez, c'est lui qui a ordonné de chasser mes chevaux quand je l'ai fait, et qui m'a rendu pour cela la force et la voix ; aussi, avec quelle impétuosité ils se sont élancés ; l'avez-vous remarqué ? Quant à lui, je l'ai vu de près, je vous jure, car les brigands me touchoient ; et il s'est jeté entre eux et moi, si terrible, qu'il y en a qui sont tombés de frayeur, et que tous les autres ont pris la fuite, sans seulement retourner la tête. Une minute après, il étoit seul, et il étoit là, debout, la main levée, d'un air de commandement. Va-t-en, m'a-t-il crié d'une voix si imposante que mon sang se seroit figé dans mes veines, s'il avoit annoncé de la colère; mais c'étoit une voix protectrice, la voix dont il parle ordinairement aux matelots... — Aux matelots? dit madame Alberti... Tu connois donc cet Arménien? —Si je le connois? reprit le postillon. Ne s'est-il pas nommé lui-même, quand il a crié : Par saint Nicolas de Raguse! Quel est le saint qui éprouve les voyageurs et les récompense? et quel autre qu'un saint disperse d'un mot, d'un geste, d'un regard, une armée de bandits, qui ont le glaive à la main, la rage dans le cœur, et qui cherchent du danger, de l'or et du sang...... je vous le demande? » Le postillon se tut en regardant le ciel qui parut traversé d'une lueur subite. Le canon grondoit à Duino.

CHAPITRE VI.

> Les uns l'appellent le *Grand-Mogol*, les autres le *Prophète Elie*. C'est un homme extraordinaire qui se trouve partout, qui n'est connu de personne, et à qui l'on ne peut point de mal.
>
> Lewis.

Cette explication ne suffisoit pas à tout le monde. Madame Alberti en concevoit plusieurs autres, et les accueilloit tour à tour. Antonia ne voyoit rien de distinct dans cet événement, mais elle y trouvoit tout ce qu'il falloit pour entretenir des idées sombres et rêveuses. Ce fut dans cette disposition d'esprit qu'elle poursuivit son voyage au milieu des campagnes enchantées qui lui restoient à parcourir. Elle vit le lendemain la riante Gorizia, riche de fleurs et de fruits, et dont l'aspect charme de loin les yeux du voyageur, nouvellement sorti des sables inféconds de la côte d'Istrie. Les souvenirs antiques se réveillent si naturellement sur ce coteau chéri de la nature, ou s'y conservent avec tant de facilité, qu'on croit y vivre encore sous l'empire poétique de la Mythologie. Les belles s'y promènent sous des berceaux dédiés aux Grâces, les chasseurs s'y rassemblent dans le bosquet de Diane : c'est de là qu'ils descendent pour aller surprendre leur proie dans les champs qui bordent l'Isonzo, l'Isonzo, la plus élégante des rivières de l'Italie et de la Grèce, qui roule, profondément encaissée entre deux montagnes d'un sable d'argent, ses flots bleus de ciel, aussi purs que le firmament qu'ils réfléchissent, et dont ils n'ont pas besoin d'emprunter l'éclat. Lorsqu'il est voilé par des nuages, l'habitant de Gorizia retrouve son azur à la surface limpide de l'Isonzo. Un jour plus tard, elle aperçut les délicieux canaux de la Brenta, bordés de riches palais, et le modeste village de Mestre, qui sert de point de communication entre une partie de l'Europe et une cité à laquelle l'Europe ne peut rien montrer d'égal, cette superbe Venise, dont l'existence même est un phénomène. Le jour naissoit à peine, quand la barque, qui devoit y conduire madame Alberti, Antonia et les personnes qui les accompagnoient, entra de la Brenta dans l'eau marine. Le petit bâtiment glissoit doucement sur l'onde immobile, le long des poteaux qui dirigent le nautonnier. Madame Alberti aperçut à sa droite une maison blanche, d'une construction très-simple, au milieu des îlots dont cette partie des Lagunes est semée. On lui apprit que c'étoit le couvent des Catholiques Arméniens, et Antonia frissonna, sans pouvoir s'expliquer son émotion. Enfin Venise commença à se dessiner sur l'horizon, comme une découpure d'une couleur sombre, avec ses dômes, ses édifices, et une forêt de mâts de vaisseaux; puis elle s'éclaircit, se développa, et s'ouvrit devant le bateau, qui circula long-temps à travers des bâtimens de toute grandeur, avant d'entrer dans le canal particulier sur lequel étoit situé le palais Monteleone, dont madame Alberti avoit fait l'acquisition depuis peu. Une circonstance pénible différa leur arrivée. Ce canal étoit chargé de gondoles qui suivoient un convoi funèbre : c'étoit celui d'une jeune fille, car la gondole qui portoit le cercueil étoit drapée en blanc, et parsemée de bouquets de roses de la même couleur. Deux flambeaux brûloient à chacune de ses extrémités, et leur lumière, éclipsée par celle du soleil levant, ne sembloit qu'une fumée bleuâtre. Il n'y avoit qu'un rameur. Un prêtre, debout sur le devant de la gondole, mais tourné du côté de la bière, et une croix d'argent dans les mains, murmuroit à basse voix les prières des morts. En face de lui, un jeune homme vêtu de noir, agenouillé à la tête du cercueil, pleuroit amèrement ; le bruit de ses sanglots étouffés avoit quelque chose de déchirant : c'étoit probablement le frère de la trépassée. Sa douleur étoit si vive et si profondément sentie, que si elle avoit été exaltée par un autre sentiment, elle auroit été mortelle. Un amant n'eût point pleuré ainsi. Ce tableau frappa Antonia jusqu'aux larmes ; mais le premier objet remarquable lui fit oublier la pensée superstitieuse qu'il lui avoit suggérée. Elle étoit près de sa sœur, sans motifs raisonnables de crainte pour l'avenir, entourée au contraire de toutes les probabilités d'une vie douce, d'une tranquillité inaltérable, d'un bonheur enfin, s'il en est chez les hommes, tel qu'un petit nombre d'entr'eux sont appelés à en goûter un pareil. Elle s'arrêta à cette perspective ; elle jouit pour la première fois du sentiment d'une sécurité pure ;

elle jugea qu'elle étoit heureuse, elle conçut la possibilité de l'être toujours, et, à la vérité, jamais elle ne l'avoit été davantage.

Le peuple est, dans tous les pays, amoureux de l'extraordinaire, et sujet à se passionner pour les personnes et pour les choses; mais, nulle part, il ne porte aussi loin qu'à Venise la faculté de se créer des dieux, objets passagers d'un enthousiasme dont les retours sont souvent funestes pour ceux qui l'ont excité. Il n'étoit question, dans ce temps-là, que d'un jeune étranger qui s'étoit concilié, sans qu'on sût de quelle manière, car il n'en avoit pas même laissé deviner la prétention, cette faveur si brillante et si fugitive. Ses précieuses qualités étoient le sujet de tous les entretiens; son nom étoit dans toutes les bouches. Pendant le court trajet de Mestre à Venise, il avoit été ramené vingt fois dans la conversation des mariniers. Après avoir parcouru sa nouvelle demeure, en soutenant Antonia, à qui l'habitude d'une santé délicate rendoit le secours de son bras nécessaire, même quand elle ne souffroit pas, madame Alberti venoit de la conduire dans une des principales pièces de l'appartement, et elles s'y étoient assises l'une à côté de l'autre. Le vieil intendant se présenta pour les saluer, et resta debout en attendant leurs ordres. « Nous sommes contentes, lui dit madame Alberti. Tout répond à ce que j'attendois de vos soins, honnête Matteo, et je puis juger à ces commencemens que personne ne sera mieux servi à Venise. — Non pas même le seigneur Lothario., répondit le vieillard en humiliant son front chauve, et en tournant dans ses mains son *goura* de soie noire. » Pour cette fois, Antonia éclatant de rire : « Et quel est donc, grand Dieu, le seigneur Lothario ? Depuis que nous sommes arrivées, je n'ai entendu nommer que lui.

— Il est vrai, dit madame Alberti en récapitulant ses idées avec sa précipitation ordinaire. Quel est donc le seigneur Lothario ? Apprenez-nous, mon cher

Matteo, ce qu'il faut penser de cet homme, dont la réputation est devenue proverbiale à Venise avant d'avoir passé le golfe? — Mesdames, répondit Matteo, je ne suis pas moi-même beaucoup plus instruit, quoique j'aie cédé à l'usage en me servant de ce nom qui a tant de crédit dans ce pays, que les brigands même le respectent. Cela peut paroître exagéré, mais il n'y a rien de plus vrai; et le seigneur Lothario inspire un respect si universel, qu'il est arrivé quelquefois qu'on a fait tomber, en le nommant, le stylet des mains d'un assassin; que le bruit, le seul bruit de son approche a calmé une révolte, dissipé un attroupement de furieux, rendu la tranquillité à Venise. Cependant c'est un jeune homme bien peu redoutable, je vous l'assure, car on s'accorde à dire qu'il a dans le monde la douceur et la timidité d'un enfant. Je ne l'ai vu qu'une fois, et d'assez loin, mais j'éprouvai à voir sa physionomie un saisissement qui me fit comprendre tout ce qu'on pense de lui. Depuis ce temps, j'ai inutilement cherché à le revoir. Il avoit quitté la ville. — Il n'est plus à Venise ! s'écria Antonia. — Il en est absent depuis près d'un an, contre son usage, reprit Matteo, car il passe très-rarement plus de deux ou trois mois sans y revenir. — Il n'y fait donc pas son habitation ordinaire ? dit madame Alberti. — Non certainement, continua Matteo ; mais il y a long-temps, très-long-temps qu'il y vient de mois en mois passer quelques jours, tantôt plus, tantôt moins, presque jamais au-delà d'une semaine ou deux. Cette fois-ci son long éloignement auroit fait craindre qu'il eût tout-à-fait abandonné Venise, s'il n'y en avoit pas d'autres exemples ; mais on se rappelle qu'il en a disparu déjà pendant plusieurs années. — Plusieurs années? dit Antonia; vous n'y pensez pas, Matteo. Vous nous disiez tout-à-l'heure, si je vous ai bien entendu, que c'étoit un très-jeune homme. — Très-jeune, en vérité, répondit Matteo........ Au moins à ce qu'il paroît : je n'ai pas dit le contraire ; mais je parle d'après les idées singulières du peuple, qui ne méritent pas votre attention, mes illustres dames, et que je rougirois moi-même... — Continuez, continuez, Matteo, dit madame Alberti avec véhémence ; ceci nous intéresse beaucoup : n'est-il pas vrai, Antonia? Asseyez-vous, Matteo, et n'oubliez rien, absolument rien de ce qui concerne cet étonnant Lothario. » Madame Alberti étoit en effet vivement intéressée, et son esprit, rapide à saisir tous les aspects des choses, avoit devancé de beaucoup la narration de Matteo en conjectures romanesques et merveilleuses qu'elle brûloit de voir vérifiées. Antonia n'avoit pas une sensibilité moins vive; elle étoit au contraire plus irritable et plus avide d'émotions, mais elle les redoutoit, parce que sa foiblesse l'exposoit toujours à y céder. Quand Matteo eut commencé à exciter la curiosité de madame Alberti, par les circonstances vagues et bizarres de son récit, elle s'étoit pressée contre sa sœur, avec un frisson d'inquiétude et d'effroi, dont elle cherchoit à couvrir l'impression par un sourire.

« Ce que je sais du seigneur Lothario, reprit gravement Matteo qui s'étoit assis pour obéir à madame Alberti, ne m'est connu, comme je vous l'ai dit, mes illustres dames, que par le bruit public. C'est un jeune homme de la plus belle figure, qui paroît de temps en temps à Venise, avec le train d'un prince, et qui semble pourtant n'avoir cherché l'habitation d'une grande ville que pour trouver l'occasion de répandre des libéralités plus abondantes parmi les pauvres, car il fréquente peu la société, et on ne lui a presque point connu de relations familières ni en hommes ni en femmes. Il visite quelquefois une famille malheureuse pour lui porter un secours; passionné pour les arts, qu'il cultive avec succès, il recherche quelquefois la conversation et les conseils de ceux qui les exercent. Hors de ces rapports-là, qu'il borne avec un soin extraordinaire, il vit presque solitaire dans Venise. Il n'est pas entré dix fois dans une maison particulière, il ne correspond avec personne; cela est au point que jamais homme n'a été assez avant dans son intimité pour savoir son nom propre, ou pour connoître le lieu de sa naissance, ou pour former une conjecture fondée sur sa conduite. Il est vrai qu'il a beaucoup de domestiques, mais tous lui sont étrangers, parce qu'il en change chaque fois qu'il voyage, et qu'il se procure à Venise même ceux qui doivent le servir pendant qu'il y réside. Ses relations hors de sa maison ne donnent pas plus de lumières. Depuis qu'on le connoît, jamais la poste ne lui a apporté une lettre, les banquiers ne lui ont pas fourni un sequin. Les révolutions des états ne changent pas la moindre chose à sa position; dans les temps orageux il ne s'éloigne pas plus que d'ordinaire; et, quand les voyageurs sont soumis à des formalités de précautions, ses papiers se trouvent toujours signés de l'autorité qui gouverne, sous ce simple nom de Lothario, qu'une pareille circonstance rendroit suspecte, si cette foule de bonnes actions qui s'y rattachent ne l'avoient recommandé aux hommes puissans de toutes les époques et de toutes les espèces. Il seroit d'ailleurs difficile de l'inquiéter à Venise, où il est, pour une classe immense, un objet de reconnoissance, d'affection, et, pour ainsi dire, de culte. La proscription de Lothario, si jamais il avoit donné lieu d'y penser, seroit peut-être le signal d'une révolution ; mais il n'a pas l'air de le croire, car il oblige la classe malheureuse sans la caresser. Son esprit morose et un peu hautain, à ce qu'on assure, le sépare d'elle par un obstacle qu'il est seul maître de lever, et qu'il ne lèveroit point sans bouleverser les états vénitiens, s'il l'avoit résolu. Cette forte distance qu'il a laissée entre lui et le peuple, ne révolte personne, parce qu'on sent que la nature même en a marqué les limites, et qu'elle le sépare d'ailleurs bien plus sensiblement des hommes qui paroissent se rapprocher de sa condition. En effet, ce sont ceux-là pour lesquels il montre le plus d'éloignement; et si l'on voit le seigneur Lothario descendre en faveur de quelqu'un des hauteurs de son caractère, ce n'est jamais pour un seigneur ; c'est pour un infirme qui a besoin de son appui, pour un enfant égaré, pour un épileptique dont la vue repousse les passans. Cela ne l'empêche pas de fréquenter les réunions publiques et les grandes sociétés où les hommes peuvent paroître et même briller sans communiquer immédiatement avec personne. Il s'y fait promptement remarquer, puisque Venise n'a point d'artiste et de *virtuose* qui lui soit, dit-on, comparable ; mais, loin d'user de ces avantages, on prétend qu'il redoute de les faire valoir, qu'il ne les laisse apercevoir qu'à regret, et que c'est au moment où ils pourroient lui procurer des connoissances agréables, ou de grands établissemens, qu'il s'enfuit de Venise, comme pour éviter l'éclat d'une vie publique et répandue, qui le déroberoit à lui-même et au mystère dont il veut s'envelopper. L'ambition ne peut rien sur lui, l'amour même ne l'a jamais arrêté, quoiqu'il n'y ait pas sur la terre de femmes plus séduisantes qu'à Venise. Une seule fois, il parut s'occuper beaucoup d'une jeune fille noble, qui de son côté avoit témoigné une vive passion pour lui; mais un malheur bien extraordinaire mit fin aux rapports que le public supposoit entr'eux. C'étoit au moment du départ de Lothario, qui, cette fois, avoit résidé à Venise un peu plus que de coutume, et que ce sentiment, s'il a existé, ne put cependant y retenir. Deux ou trois jours après son départ, elle disparut, et on ne retrouva son corps que long-temps après contre ce banc de sable où s'est établi depuis le couvent des Arméniens. — Voilà qui est incompréhensible, dit Antonia d'un accent profondément concentré. — Non, mademoiselle, répondit Matteo, en suivant sa pensée, qui n'étoit peut-être pas la même que celle d'Antonia. Le mouvement des eaux refoulées par la mer porte de ce côté là plupart des débris qui flottent sur nos canaux. Comme cette dame avoit la tête vive, et que des particularités que j'ai oubliées annonçoient que sa mort avoit été violente, on l'attribua au désespoir plutôt qu'à un accident : je crois même qu'une lettre de sa main, qui fut trouvée ensuite, et dans laquelle elle expliquoit son dessein, justifie cette supposition.—Prenez garde, Matteo, dit madame Alberti. Vous avez commencé par nous dire que Lothario étoit jeune?—Vingt-cinq ou vingt-

six ans, tout au plus, répondit Matteo, mais il est très-blond et délicat à le voir, quoique plus adroit et plus robuste que les hommes les plus fortement constitués; et il seroit possible...
— Il ne seroit pas possible, continua-t-elle avec force, qu'il eût été absent pendant plusieurs années depuis qu'il s'est fait connoître à Venise : c'est ce que vous ne nous avez pas éclairci. Pensez d'ailleurs que l'histoire de la jeune fille, trouvée morte à l'île des Arméniens, doit être antérieure, suivant vos termes,

à l'époque où les Arméniens sont venus s'y établir, et qu'alors.... — Je n'en sais pas davantage, reprit Matteo avec une sorte de confusion; et je n'ai dit à ces dames que ce que j'ai entendu dire aux Vénitiens d'un âge avancé, qui soutiennent qu'ils ont vu autrefois le seigneur Lothario tel qu'il est aujourd'hui, mais qui supposent qu'il n'a pas été absent moins de cinquante ans; et vous sentez l'extravagance de cette idée. Au reste, il est trop naturel de croire, d'après le genre de vie du seigneur Lothario, qu'il a un grand intérêt à cacher ce qu'il est réellement, pour ne pas comprendre les soins qu'il a mis sans doute à favoriser et même à faire naître des bruits qui devoient redoubler sur son compte l'incertitude de l'opinion. Aussi faut-il avouer qu'il n'y en a point de si étranges et de si ridicules qui n'aient eu au moins le crédit de se faire répéter, pendant quelque temps, par des personnes qui ont la réputation d'être sensées. Vous en jugerez par le plus vraisemblable de tous : c'est que ce mystérieux étranger a le secret de la pierre philosophale; et, à la vérité, on ne voit pas comment expliquer autrement l'existence magnifique et les dépenses de roi d'un inconnu auquel on ne sait pas le moindre genre de commerce ou d'industrie, la plus petite propriété, la plus légère relation d'affaires de quelque espèce que ce soit. Il y a près de trois ans, c'est l'époque de son premier voyage, depuis la longue absence dont parlent ces gens-ci, que des jaloux, irrités de ses prodigieux succès, et d'autant plus peut-être qu'il y attachoit lui-même moins d'importance, et que la marque d'attention la plus ordinaire qu'on puisse obtenir de lui ressemble singulièrement au dédain, s'avisèrent de faire courir sur lui la fable la plus outrageante; j'ose à peine la répéter, et je ne le ferois pas sans danger ailleurs qu'ici. On alla jusqu'à dire qu'il étoit l'agent d'une troupe de faux monnoyeurs cachés dans les grottes du Tyrol ou dans quelque forêt de la Croatie. Cette erreur ne dura pas long-temps, car le seigneur Lothario répand l'or avec tant de profusion, qu'il est aisé d'en vérifier le titre et la fabrique. On se convainquit bien qu'il n'y en avoit point de meilleur dans tous les états de Venise; et depuis ce moment, si on inventa des fables sur son compte, elles cessèrent du moins d'être injurieuses et atroces. Ce qu'il est réellement, c'est ce que je ne sais point, dit Matteo en se levant de son siége; mais je puis répéter qu'il dépend à-peu-près de lui d'être tout ce qu'il

voudra à Venise, s'il y revient.
— Il y reviendra, dit madame Alberti en embrassant cette idée avec cette susceptibilité romanesque qu'elle prenoit trop souvent pour de la pénétration : c'étoit son seul défaut.

CHAPITRE VII.

> Tu me reverras encore une fois sous cette forme, et ce jour sera le dernier.
>
> SHAKESPEARE.

Cette conversation n'avoit pas laissé de traces bien profondes dans l'esprit d'Antonia. Comme le nom de Lothario revenoit souvent dans les cercles où sa sœur l'avoit introduite, il ne frappoit guère ses oreilles sans lui rappeler vaguement les idées bizarres et singulières dont Matteo les avoit entretenues ; mais ce n'étoit qu'une sensation passagère, à laquelle elle auroit rougi de se livrer. En cherchant à se rendre compte au premier moment de l'impression que ce récit lui avoit faite, elle s'affligea de ne pouvoir fixer sur Lothario un jugement assuré ; mais il n'étoit pas dans son caractère de s'égarer long-temps dans des conjectures inutiles sur des choses qui la touchoient aussi foiblement. La foiblesse de sa constitution, l'abattement habituel de ses organes la forçoient à circonscrire beaucoup ses sentimens; et plus ils étoient puissans autour d'elle, moins elle étoit capable de les étendre aux objets inconnus. Un jour cependant, le bruit courut dans Venise que Lothario étoit arrivé, et ce bruit, bientôt confirmé par la folle joie d'une populace enthousiaste, parvint rapidement à Antonia. Ce jour-là même elle devoit se trouver avec madame Alberti dans une société composée en grande partie de seigneurs étrangers, attirés à Venise par les plaisirs du carnaval, et qui se réunissoient de temps en temps pour faire de la musique. A peine étoient-elles entrées, qu'un laquais annonça le seigneur Lothario. Un frémissement subit d'étonnement et de plaisir parcourut l'assemblée, et saisit surtout madame Alberti que toutes les idées extraordinaires préoccupoient facilement. Elle prit ce mouvement pour un pressentiment heureux, et comme toutes ses pensées se rapportoient à Antonia, elle lui serra brusquement la main, sans savoir bien au juste ce que cette démonstration pouvoit signifier. Antonia fut autrement affectée. Son cœur se serra d'une sorte d'effroi, parce qu'elle rassembla autour du nom de Lothario quelques-unes de ces circonstances inquiétantes et terribles, qui l'avoient frappée dans le discours du vieil intendant. Elle tarda même quelque temps à lever les yeux sur lui; mais elle le vit alors distinctement, parce qu'il n'était pas loin d'elle, et qu'il paroissoit la regarder quand elle l'aperçut. Au même instant il avoit détourné sa vue sans la fixer toutefois sur aucun autre objet. Appuyé sur le rebord d'un vase de marbre antique, chargé de fleurs, il avoit l'air de prendre part à un entretien de peu d'importance, pour se dispenser de porter ailleurs son attention. Antonia fut saisie à son aspect d'une émotion qu'elle n'avoit jamais éprouvée, et qui ne ressembloit point à un sentiment connu. Ce n'étoit plus de l'effroi; ce n'étoit pas davantage l'idée qu'elle se faisoit des premiers troubles de l'amour; c'étoit quelque chose de vague, d'indécis, d'obscur, qui tenoit d'une réminiscence, d'un rêve ou d'un accès de fièvre. Son cœur palpitoit violemment, ses membres perdoient leur souplesse, ses yeux se troubloient, une langueur indéfinissable enchaînoit ses facultés. Elle essayoit inutilement de rompre ce prestige; il s'augmentoit de ses efforts. Elle avoit entendu parler de l'engourdissement invincible du voyageur égaré, qui est fasciné par un serpent dans les forêts d'Amérique, du vertige qui surprend un berger parvenu à la poursuite de ses chèvres à l'extrémité d'une des crêtes gigantesques des Alpes, et qui, ébloui tout à coup par le mouvement circulaire que son imagination prête, comme un miroir magique, aux abîmes dont il est entouré, se précipite de lui-même dans leurs profondeurs horribles, incapable de résister à cette puissance qui le révolte et qui l'entraîne. Elle sentoit quelque chose de semblable et d'aussi difficile à expliquer, je ne sais quoi d'odieux et de tendre, qui étonnoit, qui repoussoit, qui soumettoit son cœur; elle trembla. Ce tremblement qui lui étoit assez ordinaire, n'effraya pas madame Alberti; elle pressa cependant Antonia de sortir, et Antonia le désiroit. Elle fit un effort pour se lever, défaillit, se rassit et sourit à madame Alberti qui regarda ce sourire comme un consentement à rester. Lothario n'avoit pas changé de place.

Il étoit habillé à la françoise avec une simplicité élégante. Rien n'annonçoit la moindre recherche dans son costume et dans sa parure, si ce n'est deux petites émeraudes qui pendoient à ses oreilles, et qui, sous les boucles de cheveux blonds dont son visage étoit ombragé, lui donnoient un aspect singulier et sauvage. Cet ornement avoit cessé depuis long-temps d'être à la mode dans les états vénitiens, comme dans presque toute l'Europe civilisée. Lothario n'étoit pas régulièrement beau, mais sa figure avoit un charme extraordinaire. Sa bouche grande, ses lèvres étroites et pâles, qui laissoient voir des dents d'une blancheur éblouissante; l'habitude dédaigneuse et quelquefois farouche de sa physionomie, repoussoient au premier regard ; mais son œil plein de tendresse et de puissance, de force et de bonté, imposoit du respect et de l'amour, surtout quand on voyoit s'en échapper une certaine lumière douce, qui embellissoit tout le reste. Son front très-élevé et très-pur avoit aussi quelque chose d'étrange, un pli fortement ondé, que l'âge n'avoit pas produit, et qui marquoit la trace d'une pensée soucieuse et fréquente. Sa physionomie étoit en général sérieuse et sombre ; mais personne n'avoit plus de facilité à effacer une prévention désagréable. Il lui suffisoit pour cela de soulever sa paupière, et de laisser échapper ce feu céleste, dont ses yeux étoient animés. Pour les observateurs, ce regard avoit quelque chose d'indicible, qui tenait du démon et de l'ange. Pour le vulgaire, il étoit selon l'occasion ou caressant ou impérieux : on sentoit qu'il pouvoit être terrible.

Antonia étoit d'une certaine force sur le piano; mais sa timidité l'empêchoit presque toujours de développer son savoir devant une société nombreuse. Il y a un genre de modestie, et c'étoit le sien, qui consiste à dissimuler continuellement ses facultés pour ne pas blesser les personnes médiocres, qu'on trouve en majorité partout, et peut-être aussi pour ne pas déplaire à la minorité qui juge, par une apparence de prétention. Elle n'avoit jamais consenti à exécuter un morceau de musique en public que par condescendance pour des invitations qu'elle attribuoit à une simple politesse, et auxquelles elle étoit bien sûre de satisfaire, sans intéresser à ce foible effort de bienséance réciproque toutes les ressources de son talent : elle avoit même remarqué que les témoignages de satisfaction obligée, que recueilloit sa complaisance, n'étoient pas moindres quand elle avoit rendu un passage simplement et suivant les seules règles de l'exécution mécanique, que lorsqu'elle s'étoit trouvée dirigée par une inspiration subite et heureuse, qui la satisfaisoit intérieurement. Elle s'assit donc au piano avec assez de calme, lorsqu'elle y fut appelée, et elle laissoit courir ses doigts sur le clavier avec son indifférence ordinaire, quand ses yeux distraits par le reflet d'une glace en face de laquelle elle étoit placée, furent frappés d'une illusion effrayante. Lothario s'étoit approché de son siége, et comme ce siége étoit monté sur l'estrade où étoit placé l'instrument, sa tête pâle et immobile s'élevoit seule au-dessus du cachemire rouge d'Antonia. Les cheveux en désordre de ce jeune homme mystérieux, la fixité morne de son œil triste et sévère, la contemplation pénible dans laquelle il paroissoit plongé, le mouvement convulsif de ce pli bizarre et tortueux que le malheur sans doute avoit gravé sur son front ; tout concouroit à donner à cet aspect quelque chose d'horrible. Antonia surprise, interdite, épouvantée, reportant successivement ses regards du pupitre à la glace et de la glace au pupitre, perdit bientôt de vue les notes confuses et jusqu'à l'auditoire qui l'entouroit. Substituant involontairement le sentiment dont elle étoit saisie à celui qu'elle avoit à peindre, elle improvisa par une transition extraordinaire, mais qui devoit passer pour un jeu singulier de son imagination, plutôt que pour ce qu'elle étoit réellement, une expression de terreur si vraie que tout le monde frémit, et elle se jeta dans les bras de madame Alberti qui la reconduisit à sa place au milieu d'une rumeur d'applaudissemens, mêlée de surprise et d'inquiétude. Après l'avoir suivie de l'œil jusqu'à l'endroit où elle s'arrêtoit, Lothario s'approcha d'une harpe, et un mouvement universel de curiosité et de plaisir succéda à celui qui venoit de troubler un moment l'assemblée. Antonia elle-même, rassurée et distraite par une impression nouvelle, exprima la plus vive impatience d'entendre Lothario, et comme il paroissoit craindre que son état ne fût pas devenu assez tranquille pour qu'elle pût prendre part au reste des plaisirs de la soirée, elle se crut obligée de lui témoigner par un regard que son indisposition avoit cessé. Cette marque d'intérêt de Lothario l'avoit vivement touchée; mais on auroit dit que Lothario, plus sensible encore à a légère démonstration qu'il venoit d'en recevoir, avoit changé d'existence pendant qu'Antonia le regardoit. Son front s'étoit éclairci, ses yeux brilloient d'une lumière étrange, un sourire où se faisoit remarquer un reste d'attendrissement et un commencement de bonheur, embellissoit sa bouche sévère. Passant sa main gauche à travers les larges ondes de ses cheveux pour chercher un motif ou un souvenir, et saisissant de l'autre avec légèreté les cordes de la harpe, de manière à leur imprimer seulement une vibration vague, il en entraînoit en préludant ces sons fugitifs, mais enchantés, qui tiennent des concerts des esprits, et il sembloit les jeter sans effort et les abandonner aux airs. « Malheur à toi, murmura-t-il, malheur à toi, si jamais tu croissois dans les forêts qui sont soumises à la domination de Jean Sbogar. » C'est, continua-t-il, la fameuse romance de l'anémone, si connue à Trieste, et la production la plus nouvelle de la poésie morlaque. Antonia vivement émue par le choix de cet air et par le son de la voix de Lothario, se rapprocha de madame Alberti qui étoit très-préoccupée de son côté. Elle se rappeloit aussi cette voix harmonieuse et le lieu où elle l'avoit entendue; mais ce pouvoit être l'effet d'une ressemblance fortuite. Le chant dalmate est trop simple, trop uniforme, trop dépouillé d'ornemens, pour qu'il ne soit pas aisé de se méprendre entre deux voix analogues. Enfin après un moment de réflexion, Lothario reprit sa romance toute entière, en continuant à s'accompagner de ces accords aériens que la harpe rendoit sous ses doigts, et dont la mélodie religieuse se marioit avec son chant de la manière la plus imposante. Parvenu au refrain du vieux morlaque, il y mit l'accent d'une pitié si douloureuse que tous les cœurs en furent attendris, mais surtout celui d'Antonia qui attachoit à cette idée un souvenir d'inquiétude et d'effroi. La romance de Lothario étoit achevée depuis long-temps, que ses dernières paroles, et le redoutable nom de Jean Sbogar, retentissoient encore dans sa pensée.

CHAPITRE VIII.

> Rêvez, innocentes créatures, et reposez dans le doux sommeil qui tient vos sens assoupis; vous aurez bientôt, hélas! de tristes veilles et de cruelles insomnies.
>
> MILTON.

Au nombre des suppositions qui se succédèrent dans l'esprit de madame Alberti à la suite de cette soirée, il y en avoit une qui offroit assez de vraisemblance pour frapper les imaginations froides, et qui ne manquoit pas cependant de cet aspect romanesque, qu'elle cherchoit ordinairement dans ses combinaisons. Le reste de ses conjectures étoit si mal fondé qu'elle ne tarda pas à s'en tenir à celle-ci qui lui convenoit d'autant mieux qu'elle flattoit le plus agréable et le plus dominant de ses sentimens, son amour pour Antonia. L'établissement de cette sœur chérie l'occupoit sans cesse ; elle étoit décidée à ne rien négliger pour qu'il assurât son bonheur, et à subordonner à ce seul intérêt toutes les autres convenances. L'immense héritage d'Antonia, celui que madame Alberti devoit lui laisser un jour, étoient faits pour exciter la cupidité d'une foule de prétendans, et madame Alberti ne vouloit pas que la vie de sa sœur dépendît de l'homme vil dont l'amour seroit une spéculation et l'alliance un marché. C'étoit d'après les sentimens qu'elle se promettoit de voir éclore en elle, qu'elle avoit résolu de disposer de sa main, presque sûre que le cœur d'Antonia, dirigé par le jugement et l'expérience d'une seconde mère, ne pouvoit pas se tromper. Déjà plusieurs jeunes gens d'une grande fortune ou d'une naissance distinguée s'étoient mis inutilement sur les rangs. Aucun d'eux n'étoit parvenu à fixer l'attention de sa sœur, et madame Alberti, attentive à épier les moindres sensations de cette âme ingénue et sans détours, ne lui avoit jamais surpris un secret; le premier aspect de Lothario sembloit au contraire avoir produit sur elle une impression profonde, qui pouvoit seule expliquer la scène singulière du piano. Lothario lui-même n'avoit pas paru moins ému, moins troublé, moins pénétré d'une affection puissante, et l'idée qu'un tel homme, si renommé par l'éclat de son esprit, par la variété de ses talens, par la tendresse et la générosité de son caractère, par la grandeur de ses manières et la pureté de ses mœurs, pourroit devenir l'époux d'Antonia, étoit pour madame Alberti la plus douce des illusions. Qu'étoit cependant ce Lothario, et comment lier des relations aussi sérieuses avec un inconnu qui s'obstinoit, de l'aveu de tout le monde, à s'entourer du mystère le plus suspect? Ce problème n'inquiéta qu'un moment madame Alberti. En peu de temps elle eut trouvé des explications à tout, et elle eut l'art ou le bonheur de les rattacher toutes à sa première pensée, avec assez d'apparence de vérité pour qu'Antonia même, qui ne voyoit pas toujours les choses avec les yeux, demeurât sans objection et sans réponse. Il est vrai que son cœur commençoit à s'intéresser à cette hypothèse, et à souhaiter qu'elle fût la réalité, non qu'elle ressentît pour Lothario ce mouvement de sympathie douce, qui indique le besoin d'aimer, cet attrait indéfinissable, qui fait qu'on cesse d'être soi pour vivre de l'existence d'un autre : ce qu'elle éprouvoit n'avoit pas encore ce caractère ; c'étoit plutôt l'entraînement d'une âme soumise, la résignation de la foiblesse qui ne demande qu'à être protégée, la dépendance volontaire d'une créature timide et sensible envers celle qui lui impose de la confiance et du respect. Tel lui avoit paru Lothario, et le premier regard de ce jeune homme s'étoit arrêté sur elle avec tant d'empire, qu'il lui sembloit qu'à compter de cet instant il eût pris des droits sur sa destinée.

Je n'ai pas dit jusqu'ici quelle étoit la supposition de madame Alberti. Elle pensoit avec assez de raison qu'en retranchant de l'histoire de Lothario ce que les bruits populaires y avoient ajouté de ridicule et d'absurde, il restoit probable que sa condition et sa fortune étoient tout ce qu'annonçoient son éducation et sa magnificence; que s'il avoit des raisons pour cacher son nom et son rang, elles ne pouvoient être que momentanées; que ce déguisement n'avoit rien d'alarmant pour l'amour d'Antonia qui n'étoit au-dessous d'aucune alliance; que le désir de frapper son attention, de se rapprocher d'elle et d'intéresser son cœur par des considérations indépendantes de celles qui déterminent la plupart des mariages, étoit probablement au contraire le principal objet de ces apparences mystérieuse , dont Lothario avoit voulu s'envelopper ; que les plus extraordinaires, les plus inexplicables des faits qui se rapportoient à lui , n'étoient sans doute que des mensonges habilement insinués aux gens d'Antonia par des personnes apostées, dans l'intention d'augmenter l'incertitude où l'on vouloit la retenir ; et cette dernière conjecture n'étoit pas elle-même dénuée de preuves, car il étoit impossible de se dissimuler que Lothario eût pris une grande part aux derniers événemens de la vie d'Antonia. C'étoit, tout bien considéré, le jeune homme qui avoit passé près d'elle au retour du Farnedo, en chantant le refrain du Morlaque, et ce jeune homme n'étoit pas sans dessein à Trieste. Les apparitions qui alarmoient si souvent Antonia, et qui avoient inspiré tant d'inquiétude à madame Alberti, lorsqu'elle les regardoit comme les illusions d'un esprit malade, pouvoient aussi procéder de la même cause. Si elle en avoit exagéré ou changé quelques circonstances, c'est le propre des âmes foibles qui ont tout à redouter, et des âmes tendres qui croient n'intéresser jamais assez. Enfin l'événement de Duino n'étoit pas expliqué. Comment des brigands, animés au pillage et à l'assassinat, auroient-ils cédé au seul aspect d'un jeune moine arménien, si cet homme redoutable par sa valeur et peut-être par sa renommée, ne leur avoit pas imposé une terreur invincible, en s'élançant de la voiture où madame Alberti lui avoit accordé une place ? Nul doute qu'il n'en ait renversé plusieurs autour de lui avant de les disperser, et qu'ensuite indécis au milieu de la nuit, sur une route qu'il n'avoit jamais parcourue, il se soit trouvé dan l'impossibilité de rejoindre ses compagnons de voyage. Quel seroit ce moine armé contre les statuts de son ordre, et qui se dévoue avec tant de courage et d'oubli de lui-même pour quelques étrangers, sinon un amant déguisé qui veut sauver Antonia ou qui veut mourir pour elle ? Si la vision pieuse du postillon étoit, comme il n'y avoit pas à en douter, l'erreur d'un homme du peuple, tout-à-fait privé de lumières, quelle explication pouvoit-on substituer à celle de madame Alberti ? Il restoit des choses douteuses et incompréhensibles, mais il seroit étonnant qu'il n'y en eût point dans la vie d'un homme qui cherche à multiplier autour de lui les incertitudes et les mystères, et qui a toute l'habileté nécessaire pour préparer, combiner, faire valoir les moyens qu'il emploie dans ce dessein. Lothario aimoit, il adoroit Antonia, et toutes ses actions annonçoient d'ailleurs un homme si judicieux et si éclairé qu'il étoit impossible d'attribuer la bizarrerie apparente de quelques-unes de ses démarches à un travers de l'esprit. Il avoit ses raisons, et pourquoi les chercher avant le temps ? Ce qu'il y avoit d'important pour madame Alberti, c'étoit de connoître mieux Lothario, de s'assurer par une fréquentation plus habituelle de cette perfection de mœurs et de caractère que l'opinion générale lui attribuoit, et de voir se déclarer sous ses yeux les sentimens qu'elle n'avoit fait que soupçonner jusqu'alors. Lothario ne fuyoit pas ces réunions générales où chacun est tributaire de son talent. Il évitoit les sociétés particulières, où il faut porter de la confiance ou des affections, et il étoit bien rare, comme l'avoit observé Matteo, qu'il consentît à y paroître plus d'une fois. Cependant il saisit avec empressement, quand elle lui fut présentée, l'occasion de voir chez elles madame Alberti et sa sœur ; et cette singularité, promptement remarquée de tout le monde, débarrassa Antonia de beaucoup de prétentions ennuyeuses. Une visite de Lothario avoit l'air d'une démarche sérieuse, et une démarche de Lothario excluoit jusqu'aux hommes qui pouvoient rivaliser avec lui, quant à de certains avantages, parce qu'il conservoit sur eux des avantages qui ne sont jamais méconnus par le vulgaire et par l'imagination même des femmes les plus éprises de l'éclat et du bruit, un caractère imposant et une vie cachée.

On a vu que l'impression qu'avoit ressentie Antonia à la vue de Lothario, ne ressembloit point à celles qui annoncent la naissance du premier amour dans les cœurs ordinaires. Une circonstance, bien indifférente en elle-même, et dont l'effet n'étoit cependant pas entièrement détruit, cette singulière illusion de la glace, où Lothario lui apparut, y avoit mêlé une sorte de trouble et de terreur indéfinissable. L'intérêt qu'elle prenoit à Lothario, le penchant qui l'entraînoit vers lui, n'avoit toutefois pas moins de puissance pour avoir moins de douceur. Il portoit une empreinte de fatalité qui surprenoit, qui épouvantoit quelquefois Antonia, mais dont elle n'essayoit pas de se défendre, puisque madame Alberti approuvoit ce sentiment, et trouvoit même un certain plaisir à le nourrir. Elle s'étonnoit pourtant que l'amour fût si différent de l'idée qu'elle s'en étoit faite, sur les peintures tendres et passionnées des romanciers et des poètes. Elle n'y voyoit encore qu'une chaîne imposante et sérieuse qui l'enveloppoit de liens inflexibles, et dont elle se seroit inutilement efforcée de secouer le poids. Seulement quand Lothario, distrait pour elle de ses méditations austères, daignoit se livrer un moment avec un naturel plein de grâce aux simples entretiens de l'amitié familière ; quand cette fierté sourcilleuse, quand cette tension douloureuse de l'esprit, qui donnoient à sa physionomie une dignité si majestueuse et si triste à-la-fois, faisoient place à un doux abandon ; quand un sourire venoit à éclore sur cette bouche qui en avoit depuis si long-temps perdu l'habitude, et rendoit à ses traits sévères une sérénité franche et pure, Antonia, transportée d'une joie qu'elle n'avoit jamais connue, comprenoit quelque chose du bonheur d'aimer un être semblable à soi, et d'en être aimé sans partage : c'étoit encore Lothario qui la faisoit naître, mais c'étoit Lothario dépouillé de ce je ne sais quoi d'étrange et de redoutable qui alarmoit sa tendresse. Il est vrai que ces instans étoient rares, et qu'ils passoient rapidement, mais Antonia en jouissoit avec tant d'ivresse, qu'elle étoit parvenue à ne plus désirer d'autre félicité; et elle étoit si peu maîtresse alors de dissimuler ce qu'elle éprouvoit, que Lothario ne put long-temps s'y méprendre. Dès la première fois qu'il en fit l'observation, on s'aperçut qu'elle n'étoit pas pour lui sans amertume; son front se rembrunit, son sein se gonfla, il appuya fortement sa main sur ses yeux, et il sortit. Dès-lors, il sourit plus rarement encore;

et, quand cela lui arrivoit, il se hâtoit de tourner sur Antonia un œil soucieux et chagrin.

Son amour pour elle n'étoit plus un secret. On sentoit que toutes ses pensées, que toutes ses paroles, que toutes ses actions se rapportoient à elle, qu'elle étoit l'idée unique et le seul but de sa vie. Madame Alberti n'en doutoit point, et Antonia se le disoit quelquefois à elle-même, dans un mouvement d'orgueil qu'elle avoit peine à réprimer; mais l'amour de Lothario, marqué d'un sceau particulier, comme l'existence entière de cet homme inconcevable, n'avoit rien de commun avec le sentiment qui porte le même nom dans la société : c'étoit une affection grave et réfléchie, avare de démonstrations et de transports, qui se satisfaisoit de peu, et qui se recueilloit en elle-même avec une réserve excessive aussitôt qu'elle pouvoit craindre d'être trop bien entendue. Le feu de ses regards le trahissoit souvent ; mais, à l'expression ineffable du sentiment chaste et doux qui remplaçoit bientôt l'accès de cette fièvre passagère, Lothario ne paroissoit plus un amant. On auroit dit un père à qui il ne reste plus qu'une fille, qu'une seule fille, et qui a concentré en elle toutes les affections qu'il lui avoit été permis un jour de partager entre d'autres enfans. Il se révéloit alors, dans sa passion pour Antonia, quelque chose de plus puissant, de plus grand que l'amour, une volonté dominante de protection, si bienveillante et si tutélaire, qu'on ne peindroit pas autrement celle de l'ange de lumière qui veille à la garde de la vertu, et qui l'escorte depuis le berceau jusqu'à la tombe. C'étoit aussi l'espèce d'ascendant qu'il exerçoit sur cette jeune fille, et qu'on ne pouvoit comparer à rien dans l'ordre des relations purement humaines. L'imagination tendre et un peu superstitieuse d'Antonia n'avoit pas oublié cette idée dans la foule des hypothèses que l'existence incompréhensible de Lothario lui faisoit concevoir et rejeter tour à tour; mais elle s'en jouoit avec elle-même et avec madame Alberti, comme d'une illusion sans conséquence. Lothario s'appeloit, dans leur intimité, l'Ange d'Antonia.

CHAPITRE IX.

Hélas! la plus douce perspective qui puisse flatter mon cœur, c'est l'anéantissement. O! ne va pas me tromper, unique espoir qui me reste! Il me semble que j'oserois maintenant supplier mon juge de m'anéantir. Il me semble que je le trouverois maintenant disposé à m'exaucer. Alors, ô ravissante pensée, alors je ne serai plus! Je retomberois dans le calme inviolable du néant, effacé, retranché du nombre des êtres, oublié de toutes les créatures, des anges et de Dieu même! Dieu tout puissant! me voici; daigne me rendre au chaos d'où tu m'as tiré!

KLOPSTOCK.

Un jour, au déclin du soleil, Antonia étoit entrée dans l'église de

S.-Marc pour prier. Les derniers rayons du crépuscule expiroient à travers les vitraux sous les grands cintres du dôme, et s'éteignoient tout-à-fait dans les recoins des chapelles éloignées. On voyoit à peine briller de quelques reflets mourans les parties les plus apparentes des mosaïques de la voûte et des murailles. De là les ombres croissantes descendoient toujours plus épaisses le long des fortes colonnes de la nef, et finissoient par inonder d'une obscurité profonde et immobile la surface inégale de ses pavés, sillonnés comme la mer qui les entoure, et qui vient souvent jusque dans le lieu saint reconquérir son empire sur les usurpations de l'homme. Elle aperçut à quelques pas d'elle un homme à genoux, dont l'attitude annonçoit une âme fortement préoccupée. Au même instant un des clercs de l'église vint déposer une lampe devant une image miraculeuse, suspendue en cet endroit, et la flamme agitée par le mouvement de sa marche répandit autour de lui une clarté foible et passagère, mais qui suffit à Antonia pour reconnoître Lothario. Il se levoit avec précipitation et il alloit disparoître, lorsqu'Antonia se trouva au devant de ses pas sur le parvis. Elle saisit son bras, et marcha quelque temps sans lui parler; puis, avec une effusion pleine de tendresse: « Eh quoi! Lothario, lui dit-elle, quelle inquiétude vous tourmente? Rougiriez-vous d'être chrétien, et cette croyance est-elle si indigne d'une âme forte, qu'on n'ose l'avouer devant ses amis? Quant à moi, le plus grand de mes chagrins, je puis vous l'assurer, étoit de douter de votre foi, et je me sens soulagée d'une peine mortelle, depuis que je suis sûre que nous reconnoissons le même Dieu, et que nous attendons le même avenir. — Hélas ! que dites-vous, chère Antonia ? répondit Lothario. Pourquoi faut-il que ma mauvaise destinée ait amené cette explication ! Cependant je ne l'éviterai pas : il est trop affreux d'abuser une âme comme la vôtre. L'homme, mal organisé peut-être, qui ne croit pas à la religion dans laquelle il est né, qui plus malheureux encore ne comprend ni la grande intelligence qui gouverne le monde, ni la vie immortelle de l'âme, est plus digne de pitié que d'horreur; mais s'il cachoit son incrédulité sous des pratiques pieuses, s'il n'adoroit que pour tromper le monde, tout ce que le monde adore, si sa raison superbe désavouoit l'hommage qu'il rend au culte public à l'instant même où il se prosterne avec les fidèles, cet homme seroit un monstre d'hypocrisie, la plus perfide et la plus odieuse des créatures. Voyez plutôt mon cœur dans toute son infirmité et dans toute sa misère. Balancé depuis l'enfance entre le besoin et l'impossibilité de croire ; dévoré de la soif d'une autre vie et de l'impatience de m'y élever, mais poursuivi de la conviction du néant, comme d'une furie attachée à mon existence, j'ai long-temps, souvent, partout cherché ce Dieu que mon désespoir implore; dans les églises, dans les temples, dans les mosquées, dans les écoles des philosophes et des prêtres, dans la nature entière, qui me le montre et qui me le refuse ! Quand la nuit déjà avancée me permet de pénétrer sous ces voûtes, et de m'humilier sans être vu sur les degrés de ce sanctuaire, j'y viens supplier Dieu de se communiquer à moi. Ma voix le prie, mon cœur l'appelle, et rien ne me répond. Plus fréquemment, parce qu'alors je suis plus sûr de ne pas tromper un témoin par des démonstrations mal interprétées, c'est au milieu des bois, c'est sur le sable des rivages, c'est couché sur une barque abandonnée à la mer, que j'invoque cette lumière du Ciel, dont la douce influence me guériroit de tous mes maux ! Combien de fois et avec quelle ferveur, ô Ciel, je me suis prosterné devant cette création immense en lui demandant son auteur ! Combien j'ai versé de larmes de rage, lorsqu'en redescendant dans mon cœur, je n'y ai trouvé que le doute, l'ignorance et la mort ! Antonia, vous tremblez de m'entendre ! Pardonnez-moi, plaignez-moi, et rassurez-vous ! L'aveuglement d'un malheureux, désavoué du Ciel, ne prouve rien contre la foi d'une âme simple. Croyez, Antonia ! Votre Dieu existe, votre âme est immortelle ! votre religion est vraie ! Mais ce Dieu a réparti ses grâces et ses châtimens avec l'ordre merveilleux, avec l'intelligence prévoyante qui règne dans tous ses ouvrages. Il a donné la prescience de l'immortalité aux âmes pures, pour qui l'immortalité est faite. Aux âmes qu'il a dévouées d'avance au néant, il n'a montré que le néant.

— Le néant ! s'écria Antonia : Lothario, y pensez-vous ? Ah ! mon ami, votre âme n'est pas dévouée au néant ! Vous croirez, ne fût-ce qu'un moment, un seul moment ; mais il arrivera l'instant où l'immortalité se fera sentir à la raison de Lothario, comme à son cœur ! L'âme de Lothario seroit mortelle, Dieu tout-puissant ! et à quoi serviroit la création toute entière, si l'âme de Lothario devoit finir ! Oh ! pour moi, continua-t-elle avec plus de calme, je sens bien que je vivrai, que je ne finirai plus, que je posséderai tout ce qui m'a été si cher dans un avenir sans vicissitude, mon père, ma mère, ma bonne sœur.... et je sais que toutes les douleurs de la vie la plus pénible, toutes les épreuves auxquelles la Providence peut soumettre une foible créature dans ce court passage de la naissance à la mort, ne me réduiront jamais à un désespoir absolu, parce que l'éternité me reste pour aimer et pour être aimée ! — Pour aimer, Antonia ! dit Lothario. Quel homme est digne d'être aimé de vous ! » Il achevoit ces paroles en entrant dans le salon de madame Alberti, qui lui sourit d'un air significatif. Lothario sourit aussi, mais ce n'étoit pas de ce sourire enchanteur qu'une distraction heureuse lui enlevoit quelquefois; c'étoit d'un sourire amer et douloureux qui paroissoit étranger à son visage.

Antonia commençoit à trouver une explication à la profonde tristesse de Lothario. Elle concevoit comment cet infortuné, déshérité de la plus douce faveur de la Providence, du bonheur de connoître Dieu et de l'aimer; et jeté sur la terre comme un voyageur sans but, devoit fournir avec impatience cette carrière inutile et aspirer au moment d'en sortir pour jamais. Il paroissoit d'ailleurs qu'il étoit seul au monde, car il ne parloit jamais de ses parens. S'il s'étoit connu autrefois une mère, il l'auroit nommée sans doute. Pour un homme qui n'étoit lié par aucun sentiment, ce vide immense où son âme étoit plongée ne pouvoit manquer d'être effrayant et terrrible, et Antonia qui n'avoit jamais supposé qu'une créature pût tomber dans cet excès de misère et de solitude, ne le contemploit pas sans épouvante. Elle réfléchissoit surtout avec un serrement de cœur extrême à cette idée de Lothario, qu'il y avoit pour certains êtres réprouvés de Dieu une prédestination du néant qui faisoit leur malheur en ce monde, de la conviction de ne point revivre dans un autre. Elle pensoit pour la première fois à ce néant effroyable, à la profonde, à l'incommensurable horreur de cette séparation éternelle; elle se mettoit à la place du malheureux qui ne voyoit dans la vie qu'une succession de morts partielles qui aboutissent à une mort complette, dans les affections les plus délicieuses que l'illusion fugitive de deux cœurs de cendre; elle imaginoit la terreur de l'époux qui presse dans ses bras son épouse bien-aimée, quand il vient à songer qu'au bout de quelques années, de quelques jours peut-être, tous les siècles seront entr'eux, et chaque moment de ce présent qui s'écoule est un à-compte donné à l'avenir sans fin; et dans cette méditation douloureuse, elle éprouvoit le même sentiment qu'un pauvre et foible enfant, égaré dans les bois, qui d'erreurs en erreurs et de détours en détours, seroit arrivé, sans moyen de reconnoître sa trace et de retourner sur ses pas, au penchant rapide d'un précipice. Absorbé dans ces réflexions, comme par un rêve pénible, elle s'étoit levée de son siége, pendant que madame Alberti et Lothario la regardoient en silence, et elle avoit gagné sa chambre. A peine y fut-elle arrivée que son cœur, affranchi de toute contrainte extérieure, se soumit sans résistance à l'oppression qui l'accabloit, et goûta la liberté de souffrir avec une sorte de volupté. Jusque-là les passions avoient exercé peu d'empire sur elle, et l'amour même que madame Alberti aimoit à voir développer dans son âme pour Lothario, ne s'y étoit pas manifesté par ces orages qui accompagnent les sentimens exaltés, qui augmentent l'action de la vie et qui font parvenir toutes les facultés à leur plus haut degré de puissance. Elle avoit conçu seulement qu'elle aimoit Lothario, et cette persuasion pleine de douceur et d'abandon n'avoit rien coûté à son bonheur. Mais cette pensée d'anéantissement ou de damnation, la damnation, l'anéantissement de Lothario, soulevoit dans son cœur les idées les plus tumultueuses et le remplissoit de confusion et de terreur Quoi, disoit-elle, au-delà de cette vie si rapidement écoulée... rien! plus rien pour lui! et c'est lui qui le pense! et c'est lui qui le dit! et c'est lui qui nous menace de ne le revoir jamais dans l'endroit où l'on se reverra pour ne plus se quitter! le néant! Qu'est-ce donc que le néant? et qu'est-ce que l'éternité si Lothario n'y est point? Pendant qu'elle cherchoit à se rendre compte de cette pensée, elle s'étoit sans le savoir, rapprochée de son christ, et sa main s'appuyoit sur un des bois de la croix. Elle releva les yeux, et tomba à genoux : Mon Dieu! mon Dieu! s'écria-t-elle; vous à qui l'espace et l'éternité appartiennent, vous qui pouvez tout et qui aimez tant, n'avez-vous rien fait pour Lothario? En prononçant ces mots, Antonia se sentit défaillir, mais elle fut rappelée à elle par l'impression d'une main qui la soutenoit, celle de madame Alberti, qui avoit quitté Lothario pour la suivre, dans la crainte qu'elle ne fût malade.... « Tranquillise-toi, pauvre Antonia, lui dit madame Alberti ; tes aïeux ont donné des princes à l'Orient, et ta fortune se compte par millions. Tu seras l'épouse de Lothario, quand il seroit fils de roi! — Qu'importe? répondit Antonia d'un air égaré, qu'importe s'il ne ressuscite point? » Madame Alberti, qui ne pouvoit pas saisir le sens de ces paroles, secoua la tête avec douleur, comme une personne qui se confirme malgré elle dans une conviction désolante qu'elle a long-temps et inutilement repoussée : « Malheureuse enfant! dit-elle en la pressant dans ses bras et en l'arrosant de ses larmes, que tu fais de mal à ta sœur!

Ah! si le Ciel te réserve à cette infortune, puissé-je du moins mourir avant d'en être témoin!

FIN DU TOME PREMIER.

www.ingramcontent.com/pod-product-compliance
Lightning Source LLC
Chambersburg PA
CBHW070640170426
43200CB00010B/2085